ŒUVRES

DE

M. LINGUET.

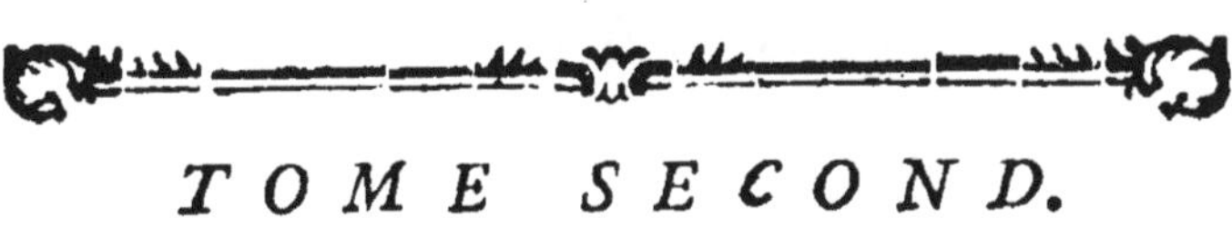

TOME SECOND.

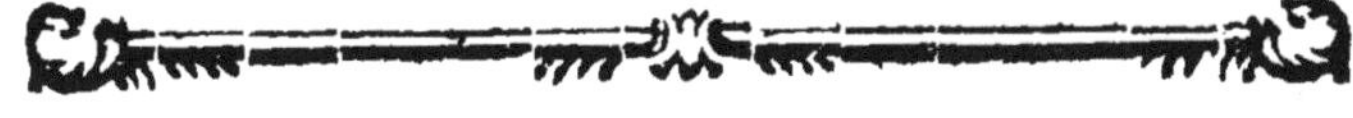

F. 5924.
2.

F. 4340. P.
D-2.

DU PLUS HEUREUX GOUVERNEMENT,

OU PARALLELE

DES CONSTITUTIONS POLITIQUES DE L'ASIE

AVEC CELLES DE L'EUROPE;

Servant d'introduction à la Théorie des Loix Civiles.

Les monarques de l'Asie ne font gueres d'édit, que pour exempter chaque année de tributs quelque Province de leur empire. Les manifestations de leur volonté font des bienfaits. Mais en Europe les édits des princes affligent, même avant qu'on les ait vus, parce qu'ils y parlent toujours de leurs besoins, & jamais des nôtres.

Esprit des loix, Liv. 13, ch. 15.

TOME SECOND,

SUITE DE LA PREMIERE PARTIE.

A LONDRES.

M. DCC. LXXIV.

DU PLUS HEUREUX

GOUVERNEMENT

OU

Parallele des Constitutions Politiques de l'Asie, avec celles de l'Europe.

CHAPITRE QUATORZIÈME.

Nouvelles considérations sur le bonheur des Gouvernemerts de l'Asie. Qu'ils ont une très-grande ressemblance avec les anciennes Démocraties.

n journaliste à qui mon enthousiasme oriental a déplu au moins autant qu'à moi, son fanatisme angli-

can m'a attaqué avec violence. J'ai
oublié ses injures. Je voudrois répondre à ses raisons ; mais il en a bien
peu donné.

Il y a substitué des plaisanteries
peu placées , & dont la gravité de
la question n'étoit pas susceptible.
Par exemple, parce que j'ai l'honneur
d'être *avocat* , il a supposé que
l'envie pourroit me prendre de plaider pour le Grand Turc. Il a eu même la bonté de me composer un
exorde. Il m'a fait la grace de m'introduire dans son journal , disant
au public : *Messieurs , je parle pour
les gouvernements arbitraires contre
les gouvernements modérés.*

Pas tout à fait ainsi , lui ai-je
répondu dans le temps ; je serois
trop ridicule , si j'empruntois votre
langage. Epargnez-vous la peine de
me composer mes plaidoyers, je les
fais bien moi-même. Si j'avois, par
exemple , à soutenir cette grande

caufe devant des auditeurs dignes de l'entendre & de la juger, voici comme je m'y prendrois.

Je parle, Meſſieurs, pour le genre humain & la raiſon, contre un préjugé ennemi de l'un & de l'autre. O vous, hommes de toutes nations, de tout rang, de tout âge, qui m'écoutez, on vous abuſe : vous étiez nés libres, on tâche de vous perſuader que vous pouvez l'être encore. Cette idée eſt une chimere. Les moyens qui pourroient tendre à la réaliſer, ne feroient que vous plonger dans de plus grands malheurs.

La liberté avoit, comme toutes les choſes qui vous entourent, ſes avantages & ſes inconvénients : on vous a fait une autre maniere d'être qui a la même propriété, & à laquelle il ne vous eſt plus poſſible de vous fouſtraire. Elle exige que vous ſoyez diviſés en deux parts : l'une petite & oiſive qui, ſous pré-

texte de gouverner & de maintenir
l'ordre, dévorera le fruit des travaux de l'autre. Celle-ci, quoique
plus nombreuse, fera cependant af-
fujettie, fans efpérance de le pouvoir jamais délivrer. C'eft cette fitua-
tion que l'on appelle une fociété,
un gouvernement. Parcourez toutes les affociations humaines, tous
les attroupements compofés de créa-
tures femblables à vous, il ne s'y
trouvera pas autre chofe; c'eft là le
véritab'e & le feul *ordre naturel &*
effentiel des fociétés politiques.

Il eft dur fans doute dans la fpécu-
lation, mais il y a un moyen de l'a-
doucir dans la pratique. Ce moyen,
c'eft une légiflation qui établiffe le
plus grand équilibre poffible entre les
deux claffes, qui, en procurant à
l'inférieure la plus grande fomme
poffible de liberté & de jouiffances
que fa dégradation lui permet, tienne
la fupérieure dans le plus violent

état , poffible auffi de crainte & d'oppreffion , pour prévenir l'abus qu'elle pourroit faire de fes facultés.

Les formes multipliées ne font point cette légiflation : elles ne favorifent que le crime , & ne retardent que le châtiment : elles font d'ailleurs toujours violées au préjudice du pauvre : elles ne s'obfervent fcrupuleufement que quand elles tendent à la décharge du riche. L'adminiftration la plus douce, la plus fage , la plus humaine , eft donc celle où l'ordre eft rétabli auffi promprement qu'il a été enfreint. C'eft celle où il exifte une autorité prépondérante , qui peut fuivre fans ceffe le coupable , & qu'aucun obftacle n'empêche de le faifir , quel qu'il foit , au moment même où il a confommé fon attentat.

L'honneur d'exercer une juftice inflexible ne feroit peut - être pas toujours un motif fuffifant pour por-

ter cette autorité à être jufte. La
perfection du gouvernement feroit
donc de lui donner un aiguillon
encore plus preffant pour le forcer
à ne jamais ceffer d'être équitable ;
& cet aiguillon , quel peut-il être ?
Le plus impérieux de tous , l'intérêt.
C'eft de lui faire redouter le malheur des peuples , moins comme un
état douloureux qui doit l'affliger ,
que comme un principe deftructeur
qui peut le ruiner lui-même ; c'eft
d'unir, d'incorporer les loix civiles
avec les politiques ; c'eft de les
rendre abfolument dépendantes les
unes des autres ; c'eft de faire en-
forte que le moindre abus dans l'adminiftration particuliere influe fur la
conftitution publique : alors les chefs ,
inftruits de l'inexécution des loix par
le retentiffement qu'occafionneroit
dans le centre qu'ils occupent, la
partie brifée , fongeroient prompte-
ment à reformer cette défectuofité

dangereufe ; de même que le *four-millon*, quand quelque grain de fable coule jufqu'au fond de l'entonnoir d'où il dirige toute fa machine, ils travailleroient fans délai à rétablir l'ordre, & à faire difparoître le trouble qui l'a interrompu.

Or c'eft ce qu'on n'a jamais fait que dans les monarchies fages, éclairées de l'*Afie*. C'eft là, & là feulement, que la moindre altération dans les formalités confacrées, le moindre abus contre le dernier des citoyens, auroit des conféquences pour la tête même de l'état. C'eft là que les *fultans*, les *fophis* font enchaînés au bien public par la confidération du leur, & que les *vifirs* font préfervés de la tentation de devenir oppreffeurs, par la crainte d'un châtiment toujours vifible & toujours prochain. C'eft là que, fous l'apparence d'une gravité trifte & d'une morne pefanteur, on trouve des peuples fatisfaits, des nations livrées à une joie pure & douce, des hommes dont les jours s'écoulent dans la paix la plus heureufe, & qui ne ceffent de bénir d'une voix una-nime l'adminiftration admirable à laquelle ils font redevables de ce cal-me fortuné.

Quoi qu'on en dife, ne le croyez pas, Meffieurs ; la fécilité d'un peu-ple ne confifte pas dans ce baladi-nage impofteur qu'on nomme *arts*, *fciences*, &c. S'il eft vrai qu'il puiffe s'applaudir de fon exiftence, ce n'eft pas quand les habitants de la capitale fe fatiguent à danfer pendant ces treves frauduleufes qu'on déguife fous le nom de *paix* ; ce n'eft pas quand des artiftes, des poëtes, des philofophes, & d'autres adulateurs de cette efpece, prodiguent les men-fonges & les livres pour perfuader que quiconque leur donne des pen-fions, eft un grand homme, & que

la

la gloire de la nation confifte à leur procurer une aifance voluptueufe.

C'eft quand un bras vigoureux, également étendu fur toutes les parties de l'état, les contient toutes invariablement dans leur place ; c'eft quand cette action falutaire s'exerce fur tout fur celles d'en haut, dont le voifinage de l'atmofphere facilite la dilatation, tandis que celles d'en bas, écrafée par le poids de toutes les autres, reftent affez d'elles mêmes dans l'immobilité qui fait le bonheur commun.

Un philofophe a beau appeler cette immobilité *le filence d'une place prête à être occupée par l'ennemi* ; c'eft aux grands à marquer leur fatisfaction par des cris, par des mouvements convulfifs, par ces éclats bruyants qui les fatiguent, bien plus qu'ils ne les amufent : mais le peuple refte toujours muet & tranquille, tant qu'il eft heureux. Il ne s'agite, il ne crie que quand il fouffre.

Tels font, Meffieurs, les principes d'après lefquels je vous fupplie de prononcer entre les philofophes politiques, ennemis déclarés des adminiftrations orientales, & moi qui n'en imagine point de plus parfaite & de plus admirable.

Voilà, quel feroit mon exorde, & peut-être tout mon plaidoyer, devant une cour faifie de cette grande, de cette intéreffante affaire, devant un tribunal créé pour juger la queftion débattue depuis fi long-temps *du plus heureux gouvernement*. Ce que j'aurois à y ajouter feroit bien peu de chofe.

J'obferverois peut-être la méprife inconcevable de tous les rêveurs qui fe font mêlés de faire des traités de droit public fur ce mot de *liberté*, dont ils ont tant parlé, & qu'ils ont fi mal défini. Je reviendrois à ce que j'ai dit, que la liberté politique par effence exifte en Afie, & qu'elle n'exiſte que là. Je démontrerois que rien n'a jamais plus reſſemblé aux monarchies Aſiatiques, que les démocraties qui ont fourni à ces ſpéculateurs inconſéquents les ſujets de tant de panégyriques, tandis que des gouvernemens tout ſemblables ont donné lieu de leur part à tant d'affreuſes ſatires.

Dans l'état où la politique met les hommes, encore une fois liberté & empire ſont ſyronimes. Il ne peut y avoir de libres que ceux à qui la ſociété procure des avantages : or ceux-là ſans contredit ſont ceux qui commandent. Plus leur domaine eſt abſolu, plus la ſociété leur devient avantageuſe, & par conſéquent plus ils ſont libres. C'eſt ce qui fait qu'en Aſie il y a plus de liberté qu'en aucun autre pays du monde. Tous les hommes qui ne ſont pas eſclaves jouiſſent, chacun dans leur famille, d'un pouvoir deſpotique. Ils ſont donc les plus libres de tous les êtres humains.

Auſſi Chardin remarque qu'en Perſe un bourgeois s'appelle image de Dieu, parce qu'il gouverne ſa famille, comme cet être ſuprême dirige le monde. Cet empire n'empêche point qu'il ne ſoit ſurbordonné d'étage en étage aux gens en place juſqu'au ſouverain, en qui ſe trouve la perfection de la liberté comme celle du commandement, parce qu'il eſt le ſeul qui, donnant des ordres à tout le monde, n'en reçoive de perſonne.

L'exemple des démocraties confirme ce principe. Tous les membres d'une démocratie ne ſont libres que parce qu'ils ſont tous ſouverains. Cet exemple conclut donc en faveur de mon axiome. Pour être libre, il faut donc être ſouverain comme eux ; c'eſt-à-dire, obéir d'une part, ou aux loix comme ils le faiſoient, ou aux ſouverains comme le font les Aſiatiques, en conſervant, comme ils le faiſoient tous dans l'intérieur de leur famille, l'aſcendant le plus impérieux.

Auſſi n'y a-t-il rien qui ſe reſſemble plus que les loix du prétendu deſpotiſme Aſiatique, & celles de la liberté ſuppoſée des démocraties. Dans l'une & dans l'autre les femmes ſe marient preſque ſans dot ; dans l'une & dans l'autre les femmes & les enfants ſont eſclaves, les collatéraux n'héritent point, les teſtaments des morts ſont une loi deſpotique pour les vivants, la ſervitude eſt conſervée. C'eſt une remarque qu'aucun auteur n'a jamais faite, & qui prouve combien ces deux eſpeces de gouvernements, ſi différentes par les définitions qu'on en donne ; ſe reſſemblent cependant au fond.

Mais tout l'avantage pour les peuples eſt en faveur de la monarchie Aſiatique. Dans la démocratie républicaine, on n'eſt gouverné que par

les loix que les citoyens se font eux-
mêmes ; je le veux : mais l'interpré-
tation de ces loix , quand elle est
exigée par un citoyen plus puissant ou plus adroit que les autres ,
donne lieu à mille troubles qu'il
n'est pas possible de prévenir , &
dont on ne peut accuser personne
en particulier , puisque tout l'état y
participe , au lieu que dans le prétendu despotisme la loi est fixée
invariablement.

Un seul homme , à la vérité , en
est constitué dépositaire ; mais aussi
il est responsable de l'exactitude de
l'exécution. L'Europe est le seul de
tous les pays du monde où les hommes
puissants aient le privilege d'être injustes impunément. Ce n'est même que depuis peu que cette prérogative fatale y a germé : l'unique
attention des anciennes républiques
avoit été de l'en extirper avec une
forme un peu différente à l'extérieur ,
elles avoient adopté & consacré tous

les principes desad miniftrations Afiatiques.

A Athenes, à Sparte, à Rome libre encore, les dominateurs de l'état n'étoient, comme en Turquie, en Perfe, au Mogol, que des magiftrats amovibles & révocables par la volonté du peuple, au premier abus de leur autorité. Dans ces pays qui nous femblent, par l'effet ordinaire de nos vues contradictoires, avoir été les uns le berceau de la liberté, les autres fon tombeau, & qui dans le fait ont également dans tous les temps été fon féjour, il n'a jamais exifté que deux individus dans l'état, le peuple & le prince. Tous deux fe font toujours touchés immédiatement dans tous les points.

Unis, incorporés de la maniere la plus intime, comme la tête au refte des membres, le moindre foupçon d'oppreffion, la moindre idée de douleur ne pouvoit agir fur l'une

des parties , que l'autre ne s'en ref-
fentît vivement. La tête fur-tout ,
organe de la fenfibilité , féjour de la
vie , trône de l'ame , étoit à l'inftant
même avertie du défordre , & forcée
pour fa propre confervation , d'y remédier : fans quoi le peuple fe fépa-
roit par un effort violent , mais fubit ,
du chef corrompu , qui caufoit fa
maladie , & s'en refaifoit en un
moment un nouveau.

Le fultan , le fophi font l'archonte
ou le dictateur , que l'on dépofe en
vertu des loix qu'ils ont violées ,
fans qu'il en coûte la vie à un feul
fujet. Ce n'eft point une guerre civile , mais une correction légale.
C'eft un magiftrat concuffionnaire ,
que l'on punit en moins de temps ,
avec moins de troubles & de formalités qu'il n'en faut pour punir un
particulier coupable. L'état ne fouffre en aucune maniere de l'humiliation du trône. La dignité n'eft ni

ébranlée ni avilie par le châtiment
du fujet indigne qui l'a occupée. Un
inftant voit éclore le défordre & la
réforme.

Cette remarque bien effentielle n'a
pas échappée à la fagacité du préfident,
de Montefquieu ; mais par la con-
tinuation du même aveuglement qui
lui a fait donner le nom de monf-
trueufe à une adminiftration qui fauve
les petits aux dépens des grands, il
ne parle qu'avec horreur de celle où
les *révolutions de la Couronne fe con-*
fomment fans guerre civile : il trouve
que l'hiftoire des monarchies de fon
invention eft bien plus intéreffante
parce qu'elle *eft remplie de guerres ci-*
viles fans révolutions. Comment un
homme auffi éclairé, auffi zélé en
apparence pour le bien public n'a-
t-il pas vu que de tous les fléaux
dont une nation peut-être accablée,
la guerre civile eft le plus affreux,
& qu'une conftitution qui la lui épar-

gne eſt néceſſairement la plus heureuſe de toutes ?

Les Orientaux remplis d'un reſpect profond & inaltérable pour le
trône qui ſubſiſte toujours, ſont très-
indifférents ſur l'être paſſager qui le
remplit : par là l'état ne peut jamais
être troublé, même par l'ambition
des concurrents : ce n'eſt jamais
qu'un duel entre eux dans lequel la
nation n'entre pour rien. Le vainqueur prend l'aigrette de héron &
il regne : s'il déplaît aux janiſſaires,
c'eſt-à-dire, s'il eſt foible & par
conſéquent injuſte, on le précipite
du ſiege royal qu'il avilit. Le peuple
ne s'apperçoit ſeulement pas qu'il
ait chargé de maître.

Cette politique, deſtinée à ménager le ſang des hommes de tous les
rangs, à conſoler, à tenir toujours
les grands dans une épouvante ſalu-
taire, eſt le code de toute l'Aſie,
la Chine exceptée, & je le répete,

elle a été auffi celui de toutes les démocraties, de tous les empires, où la qualité d'homme a été comptée pour quelque chofe, où, pour en jouir, il n'a pas été néceffaire d'y joindre des titres factices.

Ce n'eft que dans les marais feptentrionaux qu'il s'en eft produit une autre tout oppofée. C'eft là que font éclos ces principes intermédiaires, ces idées d'une échelle de pouvoirs tous réagiffants les uns contre les autres, tous prétendants à des prérogatives inhérentes à leur nature, tous autorifés à fe dire indépendants du fouverain, & faits, non pour intimer fes ordres après les avoir reçus, mais pour infpecter fes volontés & les modifier à leur gré. Ces fantômes qu'il eft facile, je l'avoue, de revêtir d'une apparence impofante, font devenus les véritables ennemis du peuple, & les cautions de fon efclavage.

Jugeons-en par ce que nous avons vu fe paffer dans tous les pays livrés à ce fléau. Au lieu de rapprocher la nation du fouverain, ces corps ont formé entre le peuple & le prince une barriere impénétrable. Deftinés en apparence à fervir uniquement de canal à fes cris, pour les porter jufqu'au pied du trône, ils ne font devenus qu'un tuyau long & fourd qui les abforbe, ou qui du moins les dénature.

Ce ne font jamais fes intérêts dont ils fe font occupés ; c'eft leur avantage perfonnel, dont ils ont été uniquement & exclufivement jaloux. C'eft pour leurs privileges feuls qu'ils ont élevé la voix ; & ce qu'il y a d'étrange, c'eft que quand leurs demandes ou leurs ufurpations ont éprouvé de la réfiftance, ce même peuple, qui en étoit la premiere victime, eft devenu l'arme avec laquelle ils ont voulu les foutenir. Ce font fes malheurs , dont ils fe font fait une reffource pour forcer le fouverain à confacrer leurs chimeres. Ils lui ont reproché d'être tyran , dès qu'il s'eft refufé à tolérer leurs tyrannies. Voilà, l'heureux effet de ces belles inftitutions féodales , de ces tribunaux dévorants , dont l'Europe & la Chine font peuplées.

CHAPITRE XV.

Examen d'un Chapitre de l'Esprit des Loix intitule, DE LA COMMUNICA-TION DU POUVOIR.

D'APRÈS ce qui précéde, il est impossible de lire sans être révolté le chap. 16 du liv. V. de *l'Esprit des Loix*. Je n'accuse pas le président de Montesquieu d'avoir été de mauvaise foi ; mais je l'accuse d'avoir écrit sans la moindre réflexion. Je l'accuse de n'avoir pas daigné s'instruire des premiers éléments de la politique de ces empires, qu'il travailloit à dégrader si ignominieusement. Voici ce qu'il dit liv. 5 chap. 16.

,, Dans le gouvernement despoti-
,, que le pouvoir passe tout entier

„ dans les mains de celui à qui on
„ le confie, le visir est le despote lui-
„ même, & chaque officier particulier
„ est le visir. Dans le gouverne-
„ ment monarchique le pouvoir
„ s'applique moins immédiatement ;
„ le monarque en le donnant le
„ tempere. Il fait une telle distri-
„ bution de son autorité , qu'il n'en
„ donne jamais une partie qu'il n'en
„ retienne une plus grande „.

„ Ainsi dans les états monarchi-
„ ques , les gouverneurs particuliers
„ des villes ne relevent pas telle-
„ ment du gouverneur de la pro-
„ vince, qu'ils ne relevent du prince
„ encore davantage ; & les officiers
„ particuliers des corps militaires ,
„ ne dépendent pas tellement du
„ général , qu'ils ne dépendent du
„ prince encore plus „.

Je suis honteux de le dire , mais
je ne crois pas qu'on ait jamais
poussé l'inconséquence & l'aveuglement plus loin. Observez que le pré-

fident de Montefquieu donne précifément ici pour caractere effentiel de la monarchie, ce qui ne convient effentiellement qu'à ce qu'il appelle le defpotifme. Son monarque fait des officiers qu'il ne peut pas défaire. Il donne des certaines charges qui emportent avec elles le privilege de lui réfifter, de prévariquer fans pouvoir être jugé ou deftitué par lui. Il eft donc faux qu'il *faffe une telle diftribution de fon autorité qu'il n'en donne jamais une partie, qu'il ne s'en retienne une plus grande.* Il eft à tout moment forcé de fe deffaifir de l'autorité entiere & d'en abandonner beaucoup plus qu'il n'en garde.

C'eft ce qui n'a pas lieu en Afie. C'eft vraiment là que le prince eft toujours le maître, même de l'ufage que l'on pourra faire de fes graces & de fa confiance. Berger d'un grand troupeau, il ne lâche jamais les chiens qu'il emploie à le garder, fans retenir dans fa main le bout de la chaîne avec laquelle il les rappelle, au moment où ils s'emportent au-delà de ce qu'il en exige.

„ Dans la plûpart des états monarchiques, continue M. de Montefquieu, on a fagement établi que ceux qui ont un commandement un peu étendu ne foient attachés à aucun corps de milice, deforte que n'ayant ce commandement que par une volonté particuliere du prince, pouvant être employé & ne l'être pas, ils font en quelque façon dans le fervice, & en quelque façon dehors.

„ Ceci eft incompatible avec le gouvernement defpotique. Car fi ceux qui n'ont pas un emploi actuel, avoient néanmoins des prérogatives & des titres, il y auroit dans l'état des hommes grands par eux-mêmes ; ce qui choqueroit la nature de ce gouvernement ,,.

Comment avec un bon efprit &

de la lecture, cet écrivain a-t-il pu se tromper & en imposer à ses lecteurs aussi grossiérement. Non seulement les cours des Princes Asiatiques sont pleines d'hommes désignés pour remplir des places, & qui s'exercent en attendant à s'en rendre dignes ; mais il y a même des séminaires politiques, où on les éleve avec le plus grand soin. Les visirs du Banc qui n'ont que voix consultative au Divan, sont précisément des hommes grands par eux mêmes sans avoir d'emploi actuel, autre que la séance au conseil du prince, séance qui dépend de sa volonté. Les Icoglans en Turquie, les Couloms-cha de Perse sont des sujets élevés dans des écoles particulieres d'où on les tire pour les employer aux gouvernemens, aux embassades, aux sangiacats. Cette vocation ne peut sans doute manquer d'illustrer le corps auquel surtout elle est réservée.

Les lecteurs profonds qui ont médité alphabétiquement l'enciclopédie ne manqueront pas de se rappeler qu'il y a dans cet océan de lumiere, un article Icoglan, ils y auront recours, & ils y liront qu'à la vérité c'est la source qui produit presque tous les officiers de l'empire Turc : mais ils éclateront de rire en apprenant dans ce majestueux répertoire des connoissances humaines, que ces jeunes gens sont élevés comme des religieuses que le silence & la clôture leur sont recommandés, qu'on leur apprend à broder, à coudre, à raser, à faire des liqueurs, & ils admireront qu'une semblable éducation soit le préliminaire qui conduit aux premieres portes de l'empire.

Rien n'est plus plaisant en effet. Il s'agiroit pourtant d'abord de savoir si cela est bien fondé, bien exact, si ces mysteres du serrail n'ont pas été traverfés par l'ignorance des obfervateurs ou leur crédulité , fi cette éducation ridicule ne fe réduit pas à des leçons telles qu'en reçoivent parmi nous les pages , que des fervices très-peu honnêtes en eux-mêmes n'empêchent point de parvenir par la fuite aux dignités les plus éclatantes.

Enfuite il feroit aifé de faire voir qu'en fuppofant vrai tout ce qu'on nous conte des Icoglans, on en retrouveroit parmi nous à peu près l'équivalent. Quelle eft donc l'éducation que reçoivent nos magiftrats, nos guerriers ? Un jeune militaire apprend la mufique, le deffein, le latin &c. Un confeiller futur apprend à monter à cheval, à danfer, à faire des armes. Vous en trouvez mille des uns & des autres dans les appartements qui fe font un honneur de travailler à la tapifferie, & difputent à nos femmes la gloire d'exécuter plus adroitement une broderie, ou de mieux adoucir une nuance. Tout cela est il bien propre à leur donner l'esprit des places auxquelles ils aspirent ? & sommes-nous bien fondés à nous moquer des Turcs fur cet article ?

Ce qu'il y a de fûr, c'est que les sujets formés parmi les Icoglans n'en développent pas moins de talents, quand ils font dans des postes où ils peuvent les montrer. Ce qu'il y a de bien certain aussi, c'est que M. de Montesquieu s'est trompé quand il a prétendu qu'un simptôme essentiel du despotisme étoit de n'avoir point de titres honorables fans un emploi actuel. Il est vrai pourtant qu'on ne connoît en Asie ni *Lieutenants Généraux*, ni *Maréchaux de Camp*, & que c'est un grand malheur.

Enfin M. de Montesquieu ajoute : „ dans ce gouvernement, l'autorité ne peut être balancée ; celle du moindre magiſtrat ne l'eſt pas plus que celle du deſpote. Dans les pays modérés la loi eſt par-tout ſage, elle eſt par-tout connue, & les plus petits magiſtrats peuvent la ſuivre. Mais dans le deſpotiſme où la loi n'eſt que la volonté du prince, quand le prince ſeroit ſage, comment un magiſtrat pourroit-il ſuivre une volonté qu'il ne connoît pas ; il faut qu'il ſuive la ſienne ,,.

,, Il y a plus : c'eſt que la loi n'étant que ce que le prince veut, & le prince ne pouvant vouloir que ce qu'il connoît, il faut bien qu'il y ait une infinité de gens qui veuillent pour lui & comme lui ,,.

,, Enfin la loi étant la volonté momentanée du Prince, il eſt néceſſaire que ceux qui veulent pour lui, veuillent ſubitement comme lui ,,.

Jamais on n'a accumulé en moins de mots plus de paralogiſmes , &

même d'inexactitudes. Dans ce gouvernement l'autorité est plus vigou-
reusement ba ancée que par - tout
ailleurs. Il n'y a point de magistrat
qui soit absolu : j'ai fait voir que le
despote lui-même ne l'étoit pas.

Tout ce qui participe au pouvoir
dans ces heureuses administrations ,
forme une chaîne dont chaque an-
neau tient d'un côté, & est tenu
de l'autre. Tout homme en place y
jouit d'une grande autorité , mais
en même temps est soumis à une
grande subordination , de sorte qu'il
n'y en a aucun depuis le prince jusqu'au dernier lieutenant de cadi ,
qui ne puisse beaucoup & contre
lequel on ne puisse tout , ce qui
me semble être le chef-d'œuvre de
la politique , puisque c'est tout à
la fois le moyen d'assurer l'obéissance , & de prévenir les abus de
l'autorité.

Quant au reste des assertions de ce chapitre, comme elles portent toutes sur cette étrange méprise qui fait la base du tiers de l'esprit des loix, qu'il n'y a point de loi en Asie, que la volonté passagere du prince est la seule regle constante &c, ce n'est pas la peine d'y répondre. Il ne faut qu'avoir un livre où il soit question de l'Asie pour en sentir l'illusion. L'alcoran y est la regle certaine immuable à laquelle les princes eux mêmes sont soumis. Les propriétés y sont fixes. Ce n'est même que là, qu'il y a un véritable danger à les attaquer, & les prétendus caprices du prince bornés à l'intérieur de son serrail, ne s'étendent jamais, comme l'avoue Chardin & tous les voyageurs judicieux, jusqu'aux possessions des sujets.

CHAPITRE

CHAPITRE XVI.

Que, par la nature des constitutions de l'Asie, les mauvaises qualités même du Souverain tournent au bien public, & que c'est de tous les Gouvernements celui où elles peuvent faire le moins de mal.

IL n'y a pas de gouvernement qui, par sa nature, ne soit ennemi des sujets. Naturellement celui qui en est le chef songe à attirer exclusivement à lui la jouissance de tout. Si ce n'est pas lui, ce sont ses sous-ordres. Ce que se proposent toutes les mains employées à cimenter cet étrange assemblage, connu sous le nom de société politique, c'est d'enchaîner la foule abjecte qui en porte tout le poids, & dont l'esclavage est le fondement du bonheur des autres. Le gouvernement le plus parfait eſt donc celui où les chefs ont le moins d'intérêt poſſible d'être méchants, & les ſous-ordres le plus d'intérêt à ne l'être pas. Or cela ne ſe trouve qu'en Aſie.

Qu'eſt-ce qui rend un gouvernement dur? C'eſt le pouvoir de réſiſter qu'ont les inférieurs ; car alors le gouvernement s'irrite & les écraſe par ſes efforts. Voilà pourquoi l'adminiſtration des républiques eſt bien plus orageuſe, bien plus cruelle à tous égards que celle des gouvernements monarchiques. Le pouvoir de réſiſter n'a pas lieu & ne peut pas l'avoir en Aſie. La marche de la machine doit donc être plus uniforme, & le jeu plus doux.

Dans un gouvernement mixte, les vertus & les vices du prince ſont également funeſtes aux ſujets : ſa bonté leur eſt au moins inutile, parce qu'elle ne nécessite pas celle des sous-ordres, parce que sa puissance n'est pas assez grande pour les intimider, parce que depuis qu'il respire, c'est toujours dans une excessive indulgence pour tous ceux qui l'entourent, qu'on lui a appris à faire consister sa grandeur, & que ses instituteurs ne lui ont rien prêché avec plus de soin que de respecter ces prétendus appuis de sa couronne, c'est-à-dire, les courtisans qui le trompent, & les flatteurs qui le pillent.

Par la maniere dont il est élevé, par la maniere dont il vit, par celle dont on lui parle, il ne connoît qu'eux. Eux seuls, on ne peut trop le répéter, font son peuple & son empire. Or ils lui prêchent toujours la clémence, comme je l'ai déjà observé. Ils lui disent que la rigueur est le vice le plus affreux dans un roi, & l'indulgence la plus admirable des vertus. Ils lui répétent sans cesse que sa face doit porter partout la joie & la sérénité, & que son nom seroit à jamais flétri, si elle avoit une fois inspiré l'épouvante; & cette morale n'a rien qui doive surprendre. Ils sont seuls en droit de jouir des rayons de cette face bénigne. Il n'est pas étonnant qu'ils s'attachent à en tempérer l'éclat. Il est naturel qu'ils s'occupent sur tout à empêcher que la justice ne les allume au point d'en faire sortir les éclairs & la foudre.

Si au contraire le monarque est vicieux, tout le monde l'imite : son exemple autorise tous les abus : n'osant rien contre les grands que leurs titres défendent de ses vexations, il les fait retomber toutes sur la nation qu'il leur sacrifie, à condition d'être défendu contre elle.

Aigri par les obstacles qui s'oppo-
sent à ses penchants, n'osant les
rompre, de peur des cris qui s'é-
leveroient s'il y touchoit, il s'établit imperceptiblement un traité tacite entre lui & les prétendus dé-
fenseurs du peuple. Il tolérera leurs
abus, leurs excès, pourvu qu'ils fer-
ment les yeux sur les siens. Il fera
avec eux le marché d'un berger qui
abandonneroit aux loups une partie
de son troupeau, pour conserver le
droit de dévorer l'autre. Ainsi sa
foiblesse, sa cruauté, son avarice se
multiplient à l'infini, par l'appui
qu'elles donnent à celles des autres.

Dans le prétendu despotisme oriental, au contraire, la perversité du
prince, ou sa bienfaisance n'influent
presqu'en rien sur l'administration,
ou plutôt elles ne peuvent concourir
qu'à en assurer la bonté. S'il est vertueux, tout va bien ; il trace le che-

min , & qui oferoit fe difpenfer de le
fuivre ? Sa bonté eft néceffairement
utile aux fujets , parce qu'elle n'a
& ne peut avoir qu'eux pour objet.
Ses *bachas* , fes courtifans ne lui paroiffent jamais que des efclaves , des
fautes de qui il répond , & qu'il
abandonne , fans héfiter , à la premiere plainte.

Ses travers tournent encore au
bien public. C'eft fur-tout aux grands
qu'ils fe font fentir. Le peuple en eft
à couvert par fa baffeffe même. Ils
fe concentrent dans l'intérieur du
férail. La rigueur exceffive qui en
eft le fruit , devient un frein qui
enchaîne les vifirs toujours trem-
blants à l'afpect de leur maître : fa
fureur fouvent motivée par le caprice , peut à plus forte raifon l'être
quelquefois par l'équité.

Dans cette conftitution un feul
homme, dit-on , peut faire le mal ,

je l'avoue ; mais aussi un seul homme peut faire le bien ; & comme je l'ai prouvé ci-dessus, à moins qu'il n'ait perdu la raison, il le fera : c'est son intérêt. Il n'y trouvera aucune difficulté : c'est même de-là que dépend sa gloire, &, qui plus est, son repos. Dans les monarchies mixtes, au contraire, les hommes en place ont toujours les mains liées pour le bien : ils n'ont de liberté que pour le mal.

Le bien seroit, par exemple, une reforme utile dans l'état ; mais il y a tant de gens qui doivent leur santé à sa langueur, que les meilleures idées trouveront de toutes parts des oppositions. L'autorité n'est point assez indépendante, assez vigoureuse pour les vaincre. L'honneur, cet être fantasque & inconséquent, dont M. de Montesquieu a fait le soutien de ces monarchies, & qu'il auroit dû en appeler le tyran ; l'honneur, déployant alors ses bizarreries, fait consister la gloire dans la résistance, & attache la plus honteuse flétrissure à une soumission éclairée. Le projet échoue précisément parce qu'il est utile & honnête.

Le mal, au contraire, exige tant de complices, il est si facile de trouver des mains qui concourent à multiplier des abus lucratifs, qu'un agent prévaricateur fait tout ce qu'il lui plaît en ce sens. L'intendant d'un seigneur obéré, qui veut rappeler à son domaine toutes les parties qu'on a distraites, éprouve de tous côtés des obstacles. Si, au contraire, il favorise les usurpations, s'il est de moitié avec les pillards, tout le monde se tait, ou l'on n'ouvre la bouche que pour le combler de bénédictions. Il en est de mê-

me dans les monarchies mixtes. C'eſt
eſſentiellement tout le contraire
dans celles de l'Aſie. Elles ſont
donc eſſentiellement plus parfaites
& plus heureuſes.

CHAPITRE XVII.

S'il est vrai qu'il n'y ait point de loi fondamentale en Asie. Ce que c'est qu'une loi fondamentale.

MAIS, ajoute-t-on, il n'y a point de loi fondamentale ! Tout y est livré à l'anarchie, au désordre, à la volonté du moment. Les propriétés même n'y sont point assurées, & le caprice d'un instant peut y causer des révolutions sans fin.

D'abord, la rareté des innovations en aucun genre, autorise assez à soupçonner que les despotes Asiatiques, au milieu de leur splendeur, ne se croient pas assez puissants pour en hasarder. Mais d'ailleurs, qu'entend-on par *loi fondamentale ?*

C'est sur-tout en *Angleterre* que ce

grand mot eſt réclamé. Qu'auroit
un pair de la Grande - Bretagne à
répondre à un Effendi qui lui diroit :
„ y en a-t-il d'autres dans une mo-
„ narchie , que l'exiſtence d'un
„ monarque , & l'ordre de la ſuc-
„ ceſſion ? Tous les autres petits
„ réglements que vous honorez très-
„ mal-à propos , vous autres An-
„ glois , du nom de loix , ne ſont-
„ ils pas de ſimples modifications
„ du haſard & des circonſtances
„ avantageuſes , tantôt au prince ,
„ tantôt aux grands corps qui lui
„ diſputent ſon pouvoir, & jamais
„ aux peuples dont ces querelles ne
„ font de part & d'autre que reſ- -
„ ferrer les chaînes ? „

„ Sous votre Jean ſans Terre ,
& ſous votre Henri VIII , il y
avoit également une monarchie ;
mais ces deux adminiſtrations avoient-
elles quelqu'autre choſe de commun
que les deux caracteres que je viens

d'indiquer ? Exiftoit-il alors un feul de ces pouvoirs qui prétendent mo- deftement remonter jufqu'à la nuit des temps , & dont la création, qui n'a pas deux fiecles, eft un effet évident de l'adreffe de vos ba- ronnets , de la foibleffe de vos prin- ces , & plus que tout, des conjonc- tures que perfonne n'a pu ni pré- voir , ni maîtrifer ? „

„ Dites-moi un peu , par quel moyen l'autorité royale a franchi le prodigieux efpace qui s'eft trouvé entre le pouvoir du meurtrier d'Ar- tus , & celui d'Anne de Boulen , & comment enfuite elle eft retom- bée dans la défaillance où nous la voyons ? Comment vos deux cham- bres fi viles , fi lâches , au feizieme fiecle, font-elles devenues fi puif- fantes , fi audacieufes fous Charles I , & enfuite fous Guillaume III ? A quel fecret doivent-elles leur pré- éminence actuelle , & les liens dont

elles ont chargé le trône ? N'eft-
ce pas à l'adreffe, à la force ? Ne
font-ce pas ces refforts qui ont pro-
mu la prérogative royale en d'autres pays, au point où nous la voyons portée, & qui l'ont refferrée
en Angleterre ? „

„ Quelques gens de loi, à ce qu'on
affure, ont fait un crime à l'un de
vos auteurs, d'avoir écrit que *la
loi fondamentale d'aujourd'hui peut
être la profcription de celle la veille* (1).
Eh *!* qui en doute ? Quand vous
étiez gouvernés, à peu près comme
les loups que vous avez depuis
chaffés de vos forêts, par l'admirable légiflation des fiefs, la loi
fondamentale n'étoit-elle pas que
chaque grand vaffal de la couronne,
ou même chaque feigneur particulier fe fît raifon par les armes, des

---

(1) Voyez l'hiftoire du feizieme fiecle par
M. Linguet, tom. 2.

torts qu'il croyoit avoir reçus de son voisin ? Un grand prince , affligé de cette horrible anarchie , n'osa cependant la supprimer ; il ne fit que la modérer , & fixer des jours où ces guerres civiles étoient défendues. Donc les autres jours elles étoient permises. Cependant un pair, qui aujourd'hui s'aviseroit , en vertu de cette loi fondamentale alors , de déclarer la guerre au baronnet, dont il voit le château de ses fenêtres , hésiteriez-vous un moment à le condamner à mort , d'après la loi fondamentale d'aujourd'hui ? ,,.

,, Il est donc clair qu'il n'y en a point d'autres dans la monarchie, que celle qui la rend monarchie, c'est-à-dire, qui la distingue essentiellement du gouvernement républicain. Or il n'y en a point d'autre qui ait cette propriété , que l'existence d'un monarque , & un ordre établi dans la succession , soit élective, soit héréditaire. Voilà ce qui la conſtitue par eſſence „.

„ Cette loi eſt aux états de ce genre ce qu'eſt la circulation du ſang pour la vie animale. Cette tranſmiſſion de la liqueur des vaiſ-ſeaux les uns dans les autres, eſt vraiment & uniquement ce qui fait la vie. Que l'animal ait deux yeux, ou qu'il n'en ait qu'un ; que ſes dents ſoient bonnes ou mauvaiſes; qu'il ſoit furieux comme le lion, ou ſtu-pide comme la brebis, peu importe : il vit, tant que ſon ſang circule : il meurt, dès que ſes humeurs s'en-gourdiſſent & ceſſent de ſe mêler. Il en eſt de même de la loi qui fixe l'ordre de la ſucceſſion à la couronne. Or nous la reſpectons, nous la ſui-vons dans nos contrées que vous con-damnez un peu trop légérement. Donc nous avons une loi fondamen-tale „.

Que répondroit-on au docteur

circoncis qui viendroit, après avoir invoqué *Alla*, nous tenir ce langage!

Ce principe , qu'il n'y a dans les monarchies qu'une feule & unique loi fondamentale , celle qui règle l'ordre de la fucceffion , eft inconteftable : fi vous l'otez, la monarchie eft détruite : tant qu'elle fubfiftera la monarchie fe confervera avec elle. Après celle-là viennent de petites formes que vous apellerez loix conftitutives , & tout comme il vous plaira , mais qui ne feront après tout que des modifications très-indifférentes de l'adminiftration générale.

Il y aura des alternatives, des chocs entre l'autorité & les pouvoirs intermédiaires , plus l'une fera foible, plus les autres s'étendront ; plus au contraire la premiere faura, en fe refpectant elle même , infpirer à fes dépendances la vénération convenable, plus ceux-ci fe reffereront d'eux-mêmes , & ce qu'il y a de plus fûr encore, c'eft que, dans les éternelles variations, plus la balance penchera du coté des pouvoirs intermédiaires, plus les peuples feront malheureux, parce qu'ils font, comme je l'ai déjà dit, l'arme avec laquelle ces pouvoirs fe battent.

Il y a eu un temps où, dans un royaume célèbre, dès que le fouverain ordonnoit à des compagnies judiciaires queique chofe qui leur déplaifoit, elles menaçoient de ceffer de rendre la juftice & ceffoient en effet quelquefois, & le droit de jeter ainfi tout l'état dans l'anarchie, étoit à leurs yeux une loi fondamentale.

Jamais cet abus inconcevable n'a eu lieu en Afie. Jamais les Cadis, les Caïmacans, les Beys n'ont imaginé de dire au prince : fi vous ne faites pas ce que nous voulons, nous allons intervertir toute police dans vos provinces, nous vous fubjugue-

rons par la crainte d'un désordre qui
peut s'étendre jusqu'à vous. Nous ar-
merons les peuples, en cessant de les
contenir, & nous parviendrons à être
regardés comme leurs peres, en leur
apprenant à mépriser vos ordres. La
loi fondamentale dans ces heureuses contrées, c'est de respecter le prince comme l'image de Dieu, & d'en-
seigner à ses sujets à l'aimer.

M. Le président de Montesquieu,
liv. 2. chap. 7. de son Esprit des Loix,
dit que, dans les états despotiques,
où il n'y a pas de loix fondamentales, il n'y a pas non plus de dépôt
de loi ; & même liv. chap. 5. il dit :
dans ces états l'établissement d'un
Visir, est une loi fondamentale. Il
ajoute encore même l. chap. 4. *d'où*
vient que, dans ce pays, la religion a
ordinairement tant de force ? C'est qu'el-
le forme une espece de dépôt & de per-
manence, & si ce n'est pas la religion,
ce sont les coutumes qu'on y vénere au
lieu de loix.

Il y auroit des volumes à faire sur ce peu de mots.

1°. Je demanderois à M. de Montesquieu, ce qu'il entend par *coutumes* ? Par tout pays, ce sont des usages consacrés par le temps, des loix fondamentales. Les réglements qu'on honnore de ce nom ne sont pas autre chose. Si on les vénere même chez les despotes, le despotisme n'exclud donc pas des loix fondamentales, ou au moins des loix quelconques, antérieures à la volonté du prince, & indépendantes de lui.

2°. Si, de l'aveu de M. de Montesquieu, on vénere ces coutumes, je demande de qui vient ce respect ? Ce n'est pas du peuple, car, dans les principes de M. de Montesquieu, il n'a aucune influence dans l'état. C'est donc le prince qui fait tout. Ce n'est donc pas son caprice seul qu'il suit, & dès qu'il se conforme à des règles, à des coutumes, il fait précisément la mê-

me chofe que dans les adminiftrations modérées,où d'une part le prince obéit aux ufages tranfmis par le
temps & de l'autre emploie fa puif-
fance à en introduire de nouveaux.

3ᵃ. Je viens de dire que les loix
fondamentales n'étoient que des coutumes devenues refpectables par l'an-
tiquité : en connoit-on d'autres? Une
remarque bien finguliere, bien importante peut-être & encore plus
neuve, c'eft que jamais une loi fondamentale n'a été écrite : c'eft que
dès qu'une loi eft écrite, elle ceffe
d'être regardée comme fondamenta-
tale, la loi Salique, celle des enré-
giftrements en cour fouveraine vivent parmi nous dans tous les cœurs:
elles ont toujours été & feront toujours obfervées, & cependant jamais
elles n'ont été promulguées en forme : il n'eft pas poffible d'en retrouver
ni l'époque, ni le titre originaire.

La raifon en eft bien fimple. Toute

loi fondamentale ne doit pas changer, & toute loi écrite est sujette au changement. La raison en est simple encore. On cesse d'y être attaché scrupuleusement dès qu'elle est dans un livre, où on est sûr d'en retrouver le texte, dès qu'on voudra l'y chercher. On commence à l'observer sans inquiétude. On se flatte, si on s'en écarte, de retrouver toujours la règle qui peut servir à s'en rapprocher; mais comme la moindre variation dans une telle loi, en est l'anéantissement, on n'a pas plutôt commencé à en changer la moindre clause, qu'elle est détruite. On n'est pas maître à cet égard de la relever.

Au contraire, tant qu'elle n'est pas écrite, tant qu'elle ne subsiste que dans la mémoire & dans le cœur des hommes, les disposistions en sont observées avec une exactitude minutieuse, on craint si fort de commettre quelques nullités, qu'on n'oublie

aucune des précautions capables de
se raffurer contre ce danger.

D'ailleurs , par la foibleffe des légiflateurs , une loi écrite fe noie toujours dans le bavardage ; au contraire, une loi fue s'exprime toujours
dans le moins de mots poffible, on
n'en conferve que l'efprit qui ne fau-
roit s'altérer. C'eft le corps qu'on
leur donne , c'eft cet état périffable
de paroles qui les fait périr. Si Li-
curgue avoit écrit fes loix , elles
n'auroient pas fubfiftées vingt-ans
dans leur entier.

CHAPITRE XVIII.

De l'esclavage des femmes en Asie. S'il est aussi dur, aussi funeste qu'on le prétend. S'il est vrai qu'elles soient plus heureuses en Europe.

UN des articles sur lesquels les mœurs orientales nous révoltent le plus, nous autres descendants des Sarmates & des enfants glacés du pole, c'est le sort du beau sexe dans les climats fortunés de l'Asie. Nous déplorons la captivité dans laquelle languit cette belle moitié du genre humain. Nous ne tarissons pas en déclamations contre les harems, les eunuques & l'avidité d'un seul homme, qui sacrifie tant de générations à des plaisirs infructueux. Un raisonneur sauvage pourroit répondre en deux mots à ces déclamations galantes, & dire tout fimplement que chacun eft maître chez foi : nous croyons ne pouvoir trop montrer nos femmes, un Turc s'imagine ne pouvoir trop cacher les fiennes : chacun a fon goût. Si le nôtre eft plus commode, celui des Orientaux eft plus fûr : mais je ne raifonne pas ainfi.

J'avoue qu'il eft dur de condamner à une prifon éternelle des objets, dans les agréments de qui l'on cherche fon bonheur : il eft trifte que des fers foient la récompenfe de leurs charmes, qu'elles ne puiffent faire des heureux que fous la flétriffure de l'efclavage, & qu'un préjugé funefte transforme en géoliers inflexibles, des amants qui devroient fans ceffe être à leurs genoux.

Mais 1º. obfervons que le nombre des femmes reclufes eft petit. Victimes de l'humeur exclufive de l'opulence, comme tant d'autres chofes

chofes précieufes auxquelles leur éclat peut les faire comparer, elles gémiffent dans les férails : mais il y a bien peu de ces cachots qui font confacrés à la privation, fous un nom fait pour annoncer les jouiffances. Toutes les femmes de l'état médiocre font heureufes. Elles font libres : leurs maris, dans l'impuif-fance de foudoyer ces gardiens coûteux & difformes, plus propres à effrayer la vertu qu'à l'affermir , font réduits, comme nous, à ne point donner d'autre efcorte à leur honneur, que l'eftime & la confiance mutuelle.

2°. Je fuis perfuadé que nos couvents renferment encore plus de prifonnieres que les harems. Le fort des habitantes de ce fecond genre de cachots, n'eft pas, à beaucoup près, auffi trifte que celui des colonies ftériles qui peuplent les premiers : celles-là ont du moins un

homme à partager entre elles toutes, & un peu vaut mieux que rien.

D'ailleurs on adoucit leur captivité par des amufements dont nos
religieufes font fevrées : malheureu-
fes peut-être par la clôture, elles
ne le font point par le cœur : à l'horreur des privations, on ne joint point
celle des remords : on ne préfente
point aux Circaffiennes qui languif-
fent dans les férails de Conftantinople ou d'Ifpahan, un diable toujours prêt à les dévorer. Une regle
auftere ne leur fait pas un crime
d'un defir même infructueux, & ne
les condamne point à des années
de larmes pour un jour de regret.

3°. Qui fommes-nous donc, pour
blâmer la politique conjugale des
Turcs, & pour ofer la trouver cruelle ? Quel eft donc le fort des femmes dans nos contrées, pour que
nous ofions pleurer fur celui de leurs
pareilles à cinq cent lieues de chez

nous ? Elles ne font point efclaves en Europe comme en Afie , j'en conviens. On leur protefte en vers & en profe qu'elles font reines. Nos poëtes & nos galants philofophes ont dit à ce fujet , je ne fais combien de fottifes ampoullées. A la bonne heure , pour celles qui font riches ; mais pour toutes les autres , voyez donc à quel effroyable abandon elles font livrées chez nous.

Dans les claffes inférieures de la fociété , elles font traitées avec une rigueur, elles font livrées à un aviliffement dans lequel je m'étonne qu'elles puiffent tendre à la vie. Chargées des ouvrages les plus pénibles , partageant avec leurs maris la culture de la terre & la fatigue des moiffons , ayant de plus qu'eux l'adminiftration accablante de l'intérieur du ménage , la nourriture des beftiaux , le foin d'en recueillir & d'en débiter le produit, les dégoûts de la groſſeſſe , les douleurs de l'enfantement , le ſupplice de la nourriture & quelquefois encore les travaux les plus durs & les plus mal ſains , comme la récolte , le rouiſſage , la filature du chanvre, ne reſpirant exactement que pour la ſervitude & la douleur , je ne vois pas quels miniſteres pourroient les effrayer dans les jardins du ſérail , ni comment la vie oiſive que leurs pareilles y menent pourroit leur paroître plus affreuſe que les convulſions qui conſument, parmi nous, leur déplorable exiſtence.

Dans les claſſes plus élevées, ſi elles n'ont à eſſuyer de fatigue phyſique que celles qui tiennent à la nature & à leur ſexe , de combien d'entraves & de tortures morales ne ſont-elles pas accablées ? Dans le mariage elles trouvent une ſervitude cruelle, & dans le célibat des dangers non interrompus.

Si elles aliénent leur liberté par
un contrat, elles trainent, tous les
jours de leur vie, la chaîne dont elles
se sont chargées. Tout leur rappelle
leur dépendance & leur humiliation :
elles ne peuvent passer un seul acte
sans la nécessité avilissante de l'au-
torisation : le mari dispose arbitrairement de leurs revenus, & s'il abuse
du pouvoir excessif que la loi lui confie, elles n'ont pas même l'espéran-
ce de s'y soustraire, la loi les regar-
dant comme des êtres sans conséquence, n'a pas seulement daigné s'occuper des moyens de leur rendre le
repos.

Les mœurs plus douces ont admis à cette rigueur effrayante un
palliatif, mais ce n'est qu'avec les
plus grands efforts & sur les preuves
les plus évidentes qu'elles peuvent
être admises à le réclamer : & avant
tout, pour récouvrer une ombre de
liberté, il faut qu'elles se plongent

dans une captivité plus étroite. La juftice commence par les renfermer dans un couvent, dans le temps même où elle pefe dans fa balance les raifons qui peuvent l'engager à les fouftraire au joug du mari.

Si elles ne triomphent pas, un bras de fer les remet impitoyablement à la difcrétion d'un defpote irrité. Si l'équité ou le crédit fléchiffent les tribunaux en leur faveur, toute la grace qu'elles obtiennent fe réduit à un veuvage éternel, pendant lequel elles ne ceffent de porter la cicatrice des fers qu'elles ont brifés.

Et ne croyez pas que ce foit fur l'incompatibilité des humeurs, fur l'aliénation mutuelle des efprits que la juftice fe décide à venir à leur fecours. Elle compte pour rien les douleurs de l'ame & cette angoiffe inexprimable que caufe à un cœur fenfible la néceffité de vivre fans·

cesse, dans une intimité qui ne de-
vroit être que le prix de l'amour
& de l'estime, avec un objet que l'on
ne peut ni aimer, ni estimer. Il n'y
a que les dangers physiques de la
femme qui puissent l'émouvoir.

Si un mari, assez cruel pour ty-
ranniser sa femme, est assez maître
de soi pour ne pas rendre publics
les outrages dont il l'accable, s'il
fait contenir ses mains, s'il est assez
adroit pour lui déchirer le cœur sans
entamer la peau, il jouit impunément de sa barbarie. Les tribunaux
ne rougissent point de repousser vers
lui la triste victime qui invoque à
grands cris leur appui. Ce tigre re-
saisit en rugissant la proie qui avoit
paru près de lui échapper, & pour
signaler sa victoire, il lui brise len-
tement les os avant de la dévorer.

Craignent-elles ces engagements
affreux que la mort seule peut dis-
soudre, ont-elles le courage de sa-

crifier les fentiments de la nature au foin de leur confervation, & de préférer une liberté pénible à une dépendance fi rifquable? Des dégoûts d'un autre genre & des dangers de toute efpece les entourent. Ifolées, fans appui, elles n'ont dans la fociété aucune confidération : livrécs à la cenfure la plus févere, fuivies, infpectées dans leurs moindres démarches, elles ne fe fauvent du fcandale que par les plus exceffives privations.

Elles ont feules l'embarras, la gêne de la régularité, & portent feules le châtiment du défordre. Plus foibles, toujours follicitées, on ne févit que contre elles, quand elles fe rendent. Les complices même de leur égarement en deviennent les plus impitoyables cenfeurs. Pareils aux efprits malins qui puniffent les damnés des fautes qu'ils leur ont fait commettre, les féduc-

teurs des filles fragiles se mon-
trent leurs plus inflexibles ennemis.
La derniere vertu qui puisse leur
rester, la pudeur , la crainte de
se déshonorer , le respect d'elles-
mêmes, est punie de mort , quand
elles ne publient pas les suites de
leur foiblesse.

Après cette foiblesse même, exclues
de la société, abandonnées à leur ré-
pentir & à la plus affreuse infor-
tune , elles n'ont à choisir qu'entre le cloître ou l'infamie. Si elles
sont d'une naissance médiocre, si
elles n'ont pas un bien capable de
tenter une ame avare & sans déli-
catesse , privées de tout , surchar-
gées de besoins , il faut qu'elles re-
commencent, par métier , une faute
qu'elles ne se font permise que par
un goût très- excusable. Elles meu-
rent sur le fumier , malheureuses ,
oubliées, traitées comme le dernier
excrément de la nature : voilà, dans

D v

les grandes villes , le fort d'un nombre infini de femmes , de toutes les filles qui ont eu le malheur de connoître des célibataires , de vivre avec eux , de prêter l'oreille à ces ferments de les adorer toujours , &c. Le corrupteur les déshonore , & il les chasse quand il en est dégoûté.

En Asie, au moins, on conserve, on nourrit dans le férail l'esclave que l'on a chérie. La jalousie empêche que l'on ne veuille la laisser passer dans les bras d'un autre. Là le vice est plus compatissant, plus honnête que nos vertus.

Je demande, d'après ce court tableau , où le sexe est plus respecté , & si les férails sont pour lui des cachots si redoutables.

CHAPITRE XIX.

De l'étendue des pouvoirs des Magistrats inférieurs en Asie ; si elle est dangereuse parce qu'elle est illimitée, & s'il est vrai même qu'elle soit illimitée.

MAis, dit-on, l'existence de tous ces Asiatiques est soumise au caprice d'un maître. Le *sultan*, & le *visir*, & le *caïmacan*, & le *cadi*, ont tous le droit de vie & de mort. Il n'y a personne qui, sous un juge prévaricateur, soit sûr, en se couchant, de ne pas se lever le lendemain pour marcher au supplice.

D'abord cela n'est pas vrai, les juges inférieurs n'ont point ce pouvoir que vous leur supposez ; ils ne sont pas mêmes souverains au civil : ils ne décident sommairement que

fur le provifoire ; & cette méthode
eft fi fage , que dans la barbarie anar-
chique de notre jurifprudence , il
a bien fallu l'adopter. Quant au criminel, ils n'ont que les droits urgents
de notre police ; ils n'ont pas même , comme nos prévôts , celui de
juger à mort fans appel en premiere
inftance. La baftonade , la prifon ,
font les peines dont ils difpofent ,
comme nos lieutenants de police
qui jouiffent , dans les mêmes cas ,
d'une autorité encore plus étendue.

Quant aux magiftrats fupérieurs ,
leur pouvoir eft moins limité par la
loi ; mais j'ai déjà obfervé qu'il l'é-
toit encore davantage par la crainte :
hors les cas extrémes & ceux où les
arrêts font d'une juftice fi évidente
qu'ils portent la conviction avec eux,
il n'y a rien de fi rare qu'une peine
capitale prononcée par aucun des
officiers à qui l'autorité femble être
confiée dans toute fon extenfion ,

& l'éxécution même eſt reſervée à la volonté du ſouverain : perſonne en Aſie ne peut être mis à mort ſans l'ordre du prince.

La diſcipline militaire eſt une exception à cette regle auſſi ſage qu'humaine ; mais cette exception a lieu par-tout : un ſimple colonel marchant en détachement, a chez nous le droit de vie & de mort, comme le ſangiak, & l'aga ſur ſes ſoldats : il ne s'agit pas ici de cette claſſe d'hommes, dont la vie par tout pays eſt très-peu ménagée, apparemment parce qu'elle eſt devouée par état à donner la mort, & qu'en effet des meurtriers toujours teints de ſang ne doivent pas être des objets bien reſpectables aux yeux d'une police éclairée. Mais, dans l'ordre civil, à l'égard d'un citoyen ordinaire, le pouvoir des magiſtrats ne va pas juſqu'à diſpoſer de ſa tête.

Quelque illimité qu'il ſoit dans

tout le reste , il ne seroit pas difficile de prouver que les sujets gagnent
encore beaucoup en Asie à la maniere dont il est administré. Le cadi ,
je l'avoue , le caïmacan prononcent
arbitrairement des amandes ; ils en-
voient sans appel qui il leur plaît au
cachot : mais prenez garde que, dans
ces décisions rigoureuses , ils prononcent en leur nom : ils sont cautions & garants des suites de leurs
jugements : le prince ne s'en mêle
que pour les reformer , & en punir
les auteurs , s'ils ont prévariqué.

Mais, en Europe , un ministre , un
commis , un intendant, un procu-
reur-général, quiconque a un peu
d'autorité , & veut enfreindre avec
violence les droits de la cité , commence par s'appuyer d'un ordre du
prince : le souverain en devient d'a-
bord le complice , & par conséquent
le protecteur ; aussi , lors même qu'il
est revoqué , lorsque l'injustice est

reconnue & le prétendu coupable relâché, il n'a d'autre parti à prendre que d'essuyer ses larmes & de dévorer sa douleur dans le silence ! s'il osoit montrer ses plaies, on diroit qu'il se révolte.

Ce n'est pas même tout encore : au moins ces efforts violents de l'autorité sont rares : ils ne flétrissent point : ils n'ôtent au malheureux qui en est la victime, aucun des droits du citoyen. La seule idée de leur régalité a empéché qu'on n'y attachât la moindre espece d'opprobre : au contraire même ils deviennent quelque fois dans l'opinion publique une sorte de distinction en général, & par tout pays, ils honorent plutôt un homme qu'ils ne l'avilissent.

Mais il est en Europe un autre genre de vexation bien plus abusive, parce qu'elle est légale ; bien plus dangereuse, parce qu'elle emporte avec la perte de la liberté celle de

l'honneur ; bien plus commune ,
parce qu'elle eſt à portée de toutes
les mains , & qu'il n'y a point de
petit juge , même de praticien quelque obſcur qu'il ſoit, qui dans l'oc-
caſion ne puiſſe l'exercer , c'eſt celle
qui réſulte de notre procédure cri-
minelle , ce ſont nos décrets d'ajour-
nement , ou de priſe de corps.

Qu'on y prenne garde ; c'eſt bien
autre choſe que les empriſonnements
paſſagers ordonnés par un cadi, ou
un mutſellem. Un homme qui ſe
trouve parmi nous dans les liens d'un
décret , eſt ſuſpendu de droit de
toutes ſes fonctions civiles. S'il n'eſt
pas tout à fait retranché de la ſociété , au moins il en eſt exclu. Il faut,
avant tout , qu'il comparoiſſe devant
le juge qui l'a outragé , il faut qu'il
ſubiſſe la formalité humiliante &
encore plus redoutable de l'interro-
gatoire.

S'il y porte un eſprit troublé ; s'il

n'a pas de réponfes prêtes & péremp-
toires à faire aux demandes cap-
tieufes dont on l'accable, il peut, avec
l'innocence la plus conftante, fournir
contre lui-même des armes qui le
perdront fans reffource.

Si, malgré la conviction de cette
innocence, il n'ofe fe commettre à un
combat dont tout le rifque eft pour
elle ; s'il cherche dans la fuite un
afile qu'il craint de ne pas trouver
auprès de la juftice, elle s'irrite, elle
s'emporte comme un enfant à qui
l'on refufe ce qu'il demande, elle
s'arme du mot terrible de contuma-
ce, & par cela feul que l'homme
qu'elle appelle, refufe de venir, elle
le déclare coupable : elle prononce
contre lui des peines qu'elle fait
exécuter fur le portrait du prétendu
criminel.

Et cette puérilité abfurde, ce jeu
atroce peut devenir par la fuite très-
férieux, fi, dans les cinq ans qui fui-

vent la décifion, il ne fe préfente pas ; s'il ne vient point faire ce qu'on appelle fe metre en état, c'eft-à-dire, fe jeter dans les chaînes, & fe dévouer à toutes les horreurs de la révifion d'une procédure entiérement inftruite à fa charge, il eft perdu fans retour. Le jugement devient définitif, il n'y a plus d'abfolution pour lui : fa fortune eft diffipée. Sa perfonne & fa famille font plongées fans efpérance dans un gouffre d'ignominie.

Et par qui eft lancé un décret qui a de fi cruels effets ? Par un homme qui, au civil, ne peut prononcer définitivement fur la valeur d'un écu ; par le premier praticien d'un village qui en fuppléera le bailli.

Et obfervez encore que le décret s'exécute malgré l'appel, que jufqu'à ce qu'on ait obtenu des défenfes en cour fouveraine, où elles ne s'expédient que fur le vû des charges, il faut aller en prifon. Obfervez que ces

charges pleines de dépofitions , qui
n'ont encore été foumifes ni au ré-
collement, ni à la confrontation ,
ne doivent contenir en effet que des
charges contre l'accufé, pour peu
que le premier juge ait de partialité ou de prévention, & l'ac-
cufateur d'adreffe.

Obfervez que ce premier juge inftruit feul ; qu'il décrete feul ; que
s'il a l'art, en fe livrant aux mouvements de la haine & de la vengeance, de refpecter les regles de la
procédure , ce qui eft très-aifé, il
eft impoffible de fe fouftraire à fon
pouvoir ; que ce que l'accufé ofera
fe permettre de dévoiler de ces motifs
fecrets, fera pris par les juges fupérieurs pour un nouveau délit, pour
un outrage fait à la judicature, dont
on le punira ; que les exemples ne
font pas rares de l'influence de l'efprit de corps fur les gens de robe ,
& de l'obligation où ceux qui la

portent rouge fe croient, pour leur propre fûreté, de protéger ceux qui n'en portent que de noires ; que quoique la loi ouvre aux accufés iniquement compromis la reffource de la prife à partie , il eft exceffiment difficile d'y réuffir par cette raifon.

J'abrége toutes ces confidérations ; mais que l'on compare à ces formalités meurtrieres les canons & les mortiers , on trouvera ceux-ci bien moins pernicieux. Au moins ils ne tirent qu'une ligne droite : ils ne renverfent que ce qu'ils trouvent devant eux. Dès que le coup eft paffé le danger l'eft auffi. Ces foudres terreftres ne s'allument qu'avec appareil, & il n'y a que ceux dont l'état eft de les braver qui en fouffrent. Au lieu que les décrets frappent dans l'obfcurité : c'eft prefque toujours par des voies obliques qu'ils font lancés. Il n'y a ni rang, ni titre, ni précaution qui puiſſe en garantir, & c'eſt ſouvent des mains les moins dignes de confiance qu'ils partent. Ne reprochons donc plus aux Aſiatiques de donner à leurs juges inférieurs un pouvoir trop étendu. Rougiſſons de nos inſtitutions à cet égard: mais ceſſons de calomnier les leurs.

Pour le Sultan, rien ne l'arrête, rien ne s'oppoſe à l'exécution de ſes volontés, que le frein qui entraîne ſes miniſtres, & qui ſe fait toujours ſentir un peu à lui même. Mais cela même prouve combien il s'en faut que l'impunité lui ſoit aſſurée.

Le préſident de Monteſquieu, à qui rien de ce qui peut conſtater la ſupériorité, le bonheur des adminiſtrations Aſiatiques n'eſt échappé, & qui en a même fait uſage, par un abus inconcevable de l'eſprit, pour autoriſer ſon ſyſtême, obſerve qu'en Crête l'inſurrection, c'eſt-à dire, un

jugement fubit porté par le peuple ,
étoit une reffource contre la tyrannie ; mais cette infurrection n'eft pas
bornée à une île de la Méditérannée.
C'eft dans toute l'Afie le refuge des
nations opprimées par un maître
aveugle & barbare.

Dès qu'un fultan eft jugé prévaricateur , ou que fes vifirs n'ont pas
fu gagner , par une juftice févere , la
bienveillance du peuple , les janif-
faires renverfent le plat impérial
qu'on leur fert dans les cours du férail : à ce fignal terrible , il faut que
le fouverain abdique , ou que fes miniftres coupables foient deftitués &
punis.

Mais enfin , je le fuppofe exempt
de cette frayeur falutaire ; je fuppofe
qu'à force d'art & de fermeté , il fa-
che contenir les enfants du tribut ou
les têtes rouges , & intimider ces ba-
taillons formidables qui fe conftituent
les juges du juge & les repréfentants

de la nation : qu'en réfulte-t il ?
Qu'il eft plus abfolu qu'un autre fouverain ? Point du tout. Il pourroit
tuer, il pourroit égorger, mais eft-
ce là de l'autorité. Un voleur dans
un bois eft donc auffi abfolu en ce
fens que le fophi fur fon trône. Ce
n'eft pas-là ce qu'on peut & ce qu'on
doit appeler un pouvoir arbitraire.

Celui auquel feul je donne ce nom,
c'eft de changer les loix, d'anéantir
la conftitution, c'eft de créer à l'état
un nouvel être. Or qu'on voie, d'après
ce que je viens de dire, qui des monarques Afiatiques ou des fouverains
de l'Europe eft plus abfolu, à prendre les chofes de ce côté-là !

Un de ceux-ci, abufé par nos préjugés infenfés fur l'adminiftration tur-
que, perfuadé que le grand feigneur
difpofoit de tout fon empire comme
des meubles de fes appartements, s'é-
crioit un jour devant fes courtifans.
Voilà ce qui s'appelle regner : fongez,

fire , lui répondit un homme fage qui fe trouvoit là par hafard , que trois de ces dominateurs abfolus ont été étranglés depuis trente ans. Cette leçon fit fentir au monarque qu'il y a des pays où les abus fe commettent plus paifiblement qu'en Afie , & il ceffa de foupirer après ce dangereux pouvoir.

Et encore , qu'eft ce que ce droit de vie & de mort attribué aux fultans ? Ils peuvent , fans forme de procès , faire couler le fang qui leur a déplu ; mais que fignifie donc ce reproche ? Et quel eft le petit prince dans notre climat qui ne jouiffe pas de la même prérogative. Vous vous récriez contre cette néceffité où font les fujets d'obéir fans reftriction à leur prince, de commettre , fans balancer, fur le premier ordre, les meurtres les plus abominables ; d'affaffiner , au moindre figne , quiconque lui a déplu. Cela eft trifte fans

difficulté

difficulté : mais examinons donc ce qui se passe dans les autres gouvernements.

Un prince est piqué contre son voisin ; le commis d'une douane aura fouillé avec trop d'exactitude un paquet appartenant à la favorite, que sais-je, ce qu'on peut imaginer de plus petit, de plus méprisable dans la nation, se croira offensé par le procédé de quelqu'insecte non moins imperceptible d'un royaume voisin ; alors les humeurs s'échauffent, tout fermente, toute bouillonne, comme après la piqûre d'un ciron. Les puissances s'opiniâtrent à demander à refuser une réparation. La guerre se déclare. Aussi - tôt, cent mille hommes partent de leurs foyers, bien résolus à en massacrer deux cent mille autres. C'est la force qui leur manqueroit & non la volonté, s'ils n'y réussissoient pas ; &, de façon ou d'autre, ils y réussissent toujours.

Tome II.   E

Quelle diſtinction y a-t-il donc à faire entr'eux & les ſujets du deſpote ? Tous marchent également au meurtre ſur la parole d'un ſeul homme. Tous regardent ſa volonté comme capable de légitimer un aſſaſſinat ; la différence, s'il y en avoit, ſeroit tout à l'avantage des ſujets du deſpotiſme Aſiatique : car, enfin, les exécuteurs de ſes vengeances, ces chiaoux qui portent le cordon, ces muets qui l'appliquent, ces janiſſaires qui les ſoutiennent, ne font de mal qu'au proſcrit. Leur fureur ſe borne à un ſeul objet : celle des autres embraſſe tout ce qui ſe préſente. Au lieu que la rage des prétendus tyrans de l'Aſie ne demande que la deſtruction d'un ſeul individu, la modération des princes ſages de l'Europe exige l'anéantiſſement d'une nation entiere.

C'eſt une choſe curieuſe, de voir la maniere dont tous les publiciſtes, les *Grotius*, les *Puffendorf*, les *Bar-*

beyrac, & tant d'autres, vous décom-
poſent l'obéiſſance que l'on doit aux
ſouverains. *Rien*, diſent ils, *ne doit
faire commettre une action qui nous
paroiſſe manifeſtement injuſte.* Cependant, quand deux princes ſe font
la guerre, néceſſairement un des deux
a tort. Qui jamais a imaginé, parmi
ces Meſſieurs, de reprocher à ſes
ſoldats, ſur tout quand ils font vainqueurs, qu'ils doivent avoir des remords de l'obéiſſance qu'ils ont eue ?
L'ordre que donne un ſultan aux
chiaoux, eſt préciſément la com-
miſſion de capitaine qu'expédie un
autre monarque à celui de ſes ſujets
qu'il en honore. Pourquoi donc l'un
feroit-il plus coupable que l'autre ?

Un principe fondamental & inſé-
parable de la conſtitution de la ſociété, c'eſt la néceſſité de l'obéiſſance pour les trois quarts de ceux
qui la compoſent. Ils n'ont pas même le droit d'examiner la juſtice de

ce qu'on exige d'eux. Et pour tirer toujours nos exemples de ce même fait de la guerre, quand on commande les milices, quand de ces milices on compose des régiments, & qu'on donne ordre à ces régiments d'aller attaquer ou détruire telle ou telle place ; quel acceuil feroit-on à un des soldats des basses-compagnies, qui viendroit dire au général : ,, Mon-,, seigneur, je ne saurois, en con-,, science, marcher aujourd'hui : la ,, guerre n'est pas juste, & Dieu me ,, défend d'y concourir ,, ?

On le mettroit dans un cul de basse-fosse. Tous les docteurs, qui étalent dans leurs écrits la liberté qu'a l'homme de se refuser à un commandement injuste, viendroient justifier longuement l'acte de despotisme militaire exercé sur lui par le général. Car la discipline, diroient-ils, & par conséquent l'obéissance absolue, sans réserve, est l'essence de la guerre ; d'où il s'enfuit que , fuivant eux-mêmes, ce prétendu droit qu'a l'homme d'examiner les ordres qu'on lui donne, eſt, dans le fait, une chimere abſurde ; d'où il s'enfuit encore que le deſpote Oriental ne fait qu'uſer du droit de ſa place, & qu'avec la fauve-garde que tous les citoyens trouvent dans la néceſſité qui lui eſt impoſée d'être juſte, la guerre qu'il déclare au crime doit bien rarement être inique, & les exécuteurs de ſes ordres les plus rigoureux, plus rarement encore expoſés à des remords.

CHAPITRE XX.

De la morale des Gouvernements Asia-t.ques. Quelle est douce, sage, hu-maine. Exemple de l'injustice & l'infidélité avec laquelle on la decrie.

TEl est donc le gouvernement admirable que tant de détracteurs inconsidérés ont pris pour le but de leurs satires. Le prince ne s'y trouve point, comme dans les autres, placé à l'extrémité d'une ligne dont ses ministres occupent le milieu, en lui cachant le peuple placé à l'autre bout. Ici il se trouve au centre. Il est, entre la nation & les officiers, dépositaire de son autorité : ce n'est qu'en le blessant lui-même, que leurs coups pourroient aller jusqu'aux sujets. Averti par son propre danger, il ne tarde pas à repousser & à punir l'attentat.

C'eſt donc là qu'il eſt vraiment le pere de ſes ſujets , & que ces enfants adoptifs voient, avec tranſport, dans leur maître , le protecteur de leurs franchiſes , & le garant de leur ſécurité.

C'eſt-là que tous les titres , toutes les fonctions publiques rappellent aux hommes en place leurs devoirs & la bienfaiſance, qui doit être le principal attribut de leurs dignités. Quand le ſultan leur parle , il ne les déſigne que par le nom d'alla , qui ſignifie pere nourricier. Quand il les éleve à des emplois plus diſtingués, leurs proviſions expriment que c'eſt à cauſe de leur attention à ſoulager les peuples : quand il les punit, le *katachérif* qui notifie leur chûte , en rapporte auſſi toujours la cauſe à leurs prévarications.

Nous avons vu , de nos jours, en 1768 , un viſir dépoſſédé ſur le ſeul

motif qu'il *manquoit d'humanité en-*
vers les pauvres (1). Cette cause honorable pour le prince , de sa des-
titution , fut remise sous les yeux
de son successeur , pour le préserver
de l'envie de l'imiter , & sous ceux
du public, pour encourager les plain-
tes , s'il y succomboit.

---

(1) Hattchérif adressé par le grand Seigneur au nouveau grand visir, à son installa-
tion.

„ Toi, Hamzei Pacha, mon grand visir &
mon ministre absolu, qui a été élevé dans
l'enceinte de mon palais impérial, & dont
les mœurs & la fidélité ont été éprouvés, je
t'ai choisi par préférence sur mes autres visirs,
pour te confier mon sceau impérial. En conséquence si tu conduis les affaires des esclaves
de Dieu avec la fidélité requise, en protégeant
& favorisant *les pauvres*, & en te conformant
à mon génie impérial, tu seras chéri en ce
monde & en l'autre. Mehemed Pacha, ton
prédécesseur, *entrainé par son extrême avidité*
& par son avarice, s'étant livré au conseil per-
fide de quelque personne, & ayant flétri par
la corruption, l'honneur de ma sublime porte,
a été destitué. „.

Les intrigues, les cabales rendent, sans doute quelquefois, ces beaux motifs illusoires. Il peut en être de ces patentes comme de nos lettres de noblesse, qui supposent toujours dans l'impétrant des vertus & des services, qu'il n'a point trouvés ailleurs que dans son coffre-fort, ou dans ses protections ; mais c'est toujours un bel hommage rendu à la vertu, que cette nécessité où est le vice d'emprunter sa livrée : l'apparence séduisante, sous laquelle il se cache, ne rend sa difformité que plus sensible quand il la perd. Il ne faut qu'un instant pour faire tomber le masque. L'usurpation une fois démontrée, ces dépouilles brillantes, qui ne le couvrent plus, suffisent seules pour servir de titre & de fondement à sa condamnation.

C'est pourtant des empires ainsi gouvernés, qu'on ose se permettre de multiplier les plus affreux portraits. Mais ces peintres paſſionnés ne s'apperçoivent pas qu'ils commettent la plus étrange, la plus inconcevable méprife. En s'imaginant faifir les traits caractériſtiques des gouvernements orientaux, ils n'expriment que ceux qui font communs à tous les gouvernements du monde.

Ce font, dit un d'eux, *des femmes, des eunuques, de petites intrigues viles, minutieufes, puériles, honteufes en tout fens, qui guident le fabre, qu'on nomme invincible des defpotes arbitraires.* Sans doute les femmes ne peuvent rien dans les autres cours. Il n'y a point d'intrigues dans les autres cours, ou elles y font nobles, férieufes, élevées, glorieufes en tout fens.

Eh ! comment feroient fermes & éclairés, des empereurs qui n'ont trouvé autour d'eux que des êtres qui leur étoient inférieurs, ou qui affectoient de le paroître. Ceux qui approchent des grands, ailleurs, ont foin de fe mettre au-deſſus d’eux, & de les humilier pour les inſtruire. *Qui ont été ſans ceſſe applaudis dans leur ignorance*, leurs pareils reçoivent ſouvent des leçons ; *flattés dans leurs paſſions*, les autres ne le ſont pas ; *vantés dans leur incapacité même*, par-tout ailleurs, l’incapacité d’un monarque eſt appréciée naïvement dans ſon conſeil. *Les philoſophes, les plus dignes du reſpect du genre humain, n’euſſent été peut-être que des ſultans.* Ils ne ſeroient pas fâchés, je crois, d’avoir ce pis-aller ; mais je leur réponds que ſi jamais ils avoient le bonheur de n’être que cela, je n’aurois pas, moi, celui de n’être qu’un de leurs ſujets : ce ſeroit-là le ſeul moyen de me faire redouter l’Aſie. *Et auroient dormi de même, s’ils avoient eu la même éducation & le même genre de vie*, ils n’auroient pas du moins imaginé de ſyſtêmes : le mal qu’ils auroient fait ſur le trône

E vj

n'auroit peut-être pas été si grand, & sur-tout si durable, que celui qu'ils ont fait par leurs écrits. Les *beys*, les *sangias*, les *beyler-keys* lèvent à leur profit des droits illégaux de *kaftanbacha*, de *salamié*, de *nalbacha*.

Cette énumération des impôts illégaux & arbitraires, levés par des officiers prévaricateurs, est tirée d'un livre Turc, intitulé : *Canon du sultan Suleiman II, représenté à Mourad IV.* Qui croiroit qu'à l'endroit même qu'on nous cite comme une preuve de la tyrannie avec laquelle le gouvernement les tolere, le livre dit précisément qu'il faut empêcher qu'on ne les lève ? Voici le passage :

Il est d'une nécessité pressante que votre majesté décharge son peuple des impositions extraordinaires, & qu'elle ordonne de faire un tahril (ou cadastre) avec défenses rigoureuses au beyler-beys & aux sangiak-beys de se mêler du tahril,

ni de rien exiger des sujets , sous pré-
texte de kaftanbacha , de salamié , &
nalbacha (1). Voilà un exemple de
la fidélité & de la justesse d'esprit
des censeurs de la félicité orientale.
Conclure que des impôts sont au-
torisés du passage même où ils sont
formellement désaprouvés ; induire
qu'ils existent du conseil qu'un ministre donne au prince , non pas seulement de les supprimer , mais de
les empêcher , c'est raisonner avec
une logique qui leur est particuliere,
& qui malheureusement a jusqu'ici
dirigé leurs opinions & leurs écrits.

Au reste, quand en effet ces droits
se lèveroient , l'équivalent ne s'en
retrouve t-il pas dans toutes les administrations ? Ne faut-il pas ailleurs
soudoyer les commis, les secrétaires?
Obtient-on l'expédition d'une sen-

---

(1) canon du sultan *Suleiman II* , représenté à *Mourad IV* , page 12.

tence , le jugement d'un procès , là délivrance d'une patente, fans avoir rempli ces mains avides ? Et ces accommodements qui fe terminent à prix d'argent avec la ferme générale , avec les poffeffeurs des offices fur la volaille, avec tous les infectes rongeurs ; toutes les vermines qui dévorent un état , ne font-ils pas de vrais droits illégaux, plus onéreux cent fois que tous les falamié & les nalbacha du monde?

CHAPITRE XXI.

Des leçons données aux Princes en Asie, & de leur maniere d'investir les Magistrats de leurs dignités.

LE livre dont on vient de voir un passage, est une espece de testament politique, adressé par un visir à un sultan. Le ministre se propose d'instruire son maître des affaires. Il lui trace des principes de conduite. Un écrivain qui a connu cet ouvrage, s'efforce de tourner ses leçons en ridicule, parce qu'il y en a un très-petit nombre, où le conseiller, après avoir indiqué au prince ce qu'il doit faire, termine par dire, *& cela suffit.*

J'avoue qu'en europe nous sommes plus honnêtes. Nous ne disons jamais, en fait de précepte, *c'en est assez.* Il n'y a que sur les bonnes actions que nous nous piquons d'économie. Dans ces inftructions impofantes, dreffées en apparence pour l'ufage des princes, & dans le fait, deftinées à manifefter l'efprit des maîtres, bien plus qu'à former celui des difciples, nous ne tariffons pas en belles maximes. Nous avons fur-tout foin de combler d'éloges celui pour l'utilité de qui elles femblent compofées ; de forte que, fi ces compilations de flatteries étoient fondées, rien ne feroit plus fuperflu que la morale qui les accompagne. Perfonne n'en auroit moins befoin que le prince à qui elle eft dédiée.

Le ton du docteur *Mufulman* eft bien différent. Il ne donne pas feulement une louange au fouverain qu'il inftruit. C'eft la vérité nue qu'il lui préfente : il l'appelle très-heureux, très-puiffant, qualifications fans conféquence, & qui ne peuvent l'aveugler fur fon mérite ; mais il ne le complimente , ni fur fes lumieres , ni fur fes vertus , ni fur fa bienfaifance. Il ne lui dit pas qu'il eft jufte : il lui enfeigne à le devenir ; il ne lui protefte pas que fes fujets béniffent fon adminiftration, que fon regne fera regardé dans l'hiftoire comme l'époque la plus brillante & la plus fortunée que puiffe offrir les faftes de la nation : il lui indique les moyens de s'affurer ce rang honorable (1) : il lui recommande par-

____

(1) Dans un autre petit traité , qui eft imprimé à la fuite de celui-là , & dont l'objet paroît être d'inftruire le fultan des reformes que la malverfation de fes miniftres rend néceffaires , l'auteur, à la vérité, ne lui donne pas cruement ces confeils difficiles à colorer ; mais il lui préfente le tableau de la conduite de fes prédéceffeurs. Il lui dit à chaque occafion : *voilà ce que faifoit SOLIMAN &c. & tout alors alloit bien* ; de forte qu'en paroiffant s'occuper uniquement de l'apologie du gouvernement ancien , il fait la fatire la plus cruelle du gouvernement préfent. Il ajoute, il eft vrai , à chaque article : *votre majefté*

tout de ne pas fouler les peuples,
de veiller à l'obfervation rigide de
la juftice, à l'économie fcrupuleufe
des deniers publics. Voici comme il
lui confeille de parler au grand vifir,
en l'inveftiffant de cette fuprême
dignité.

„ L'Alla , tu dois t'employer à
„ mon fublime fervice de toutes tes
„ forces & au péril de ta vie , &
„ tu adminiftreras avec beaucoup de
„ vigilance , les affaires de mon do-
„ maine & celles de mes ferviteurs ;
„ tu ne me cacheras rien de ce qui
„ arrivera, afin que ce foit par toi
„ que j'en fois informé, & non par
„ autrui Tu ne me feras aucun rap-
„ port injufte contre qui que ce foit,
„ ni tu n'ôteras la charge de l'un pour
„ la donner à l'autre , fi fa perfidie

---

en fera ce qu'il lui plaira. Mais quel feroit, en
Europe , le fort d'un écrivain qui préfente-
roit au prince une fuite de femblables avis,
même avec le correctif ?

,, n'eſt pas manifeſte ; & déſormais
,, tu ne dois avoir d'autre penſée
,, qu'au bien de mon ſervice.

,, Quiconque parlera contre toi,
,, ne ſera point écouté de mon ſu-
,, blime entendement ; & quand tu
,, exerceras la juſtice, tu ſeras loué
,, en ce monde & en l'autre.

,, Tu ne différeras point à faire
,, le bien, tu puniras ſeulement les
,, perturbateurs & brouillons. Appli-
,, que toi aux affaires de mes ſujets,
,, & écoute avec attention leurs
,, différends & leurs procès, & donne
,, le droit à celui qui l'aura. Marche
,, in-cognito par la ville, & prend
,, garde à tout. Sois diligent à la
,, recette de mes deniers, de mon
,, tréſor impérial.

,, Abſtiens toi des dépenſes exceſ-
,, ſives, conſidérant que c'eſt de
,, l'argent du fiſc que tu dois ré-
,, pondre, & ne le pas diſſiper lé-
,, gérement. Il n'eſt pas de ma vo-

,, lonté impériale, qu'il foit fait
,, tort à perfonne d'un atome, fi-
,, non tu en porteras le péché. Ap-
,, pliques-toi aux bonnes œuvres,
,, & évite les mauvaifes ; honore
,, l'Ullema (1), refpecte les canons
,, Ottomans, & ne fais rien au-delà,
,, pour n'avoir pas fujet de t'en re-
,, pentir ".

Voici le formulaire de la réponfe
que le fultan doit faire au pacha
d'Egypte, quand le tribut de cette
grande province arrive à la Porte.

,, Toi, Mehemed Pacha, mon Vifir,
,, qui es à la garde de l'Egypte, à
,, l'arrivée de mon fublime Khata-
,, chérif, te foit notoire, que tu
,, dois avec beaucoup de diligence
,, apporter tous tes foins à la recette
,, des deniers qui doivent revenir
,, dans mon tréfor impérial, & t'ap-
,, pliquer afin qu'il foit envoyé dans

____

(1) Docteur de la loi.

,, le temps qu'on le doit, & qui eſt
,, le plus propre.

,, Conſerve, & défens bien mes
états. Ne ſouffre point qu'on en mo-
,, leſte les ſujets ; termine leurs dif-
,, férends ; tiens dans le devoir &
,, gouverne avec rigueur la milice
,, d'Egypte, en puniſſant leurs offi-
,, ciers quand ils le méritent.

,, Tu enverras, au temps qu'on le
,, doit, à la vénérable & honorable
,, Mecque, les ſourré & les ſalaires,
,, ſans permettre que les pauvres,
,, à qui ils ſont deſtinés, ſouffrent &
,, manquent de rien. Tu chaſſeras
,, de toi l'aſſoupiſſement & le repos,
,, t'appliquant de toutes tes forces à
,, l'exécution de mes commande-
,, ments, & conforme-toi à ma ſu-
,, blime volonté. Enfin, je verrai l'at-
,, tention que tu auras à mon ſer-
,, vice, te donnant bien de garde
,, d'être négligent ou prévaricateur.
,, Sache-le, &c. "

Ainsi, en échange de son argent, cet officier reçoit une morale utile; & cette morale, qu'on y prenne garde, va toujours à la décharge des sujets, & au soulagement des pauvres.

Le visir engage son prince à ne pas se fatiguer beaucoup à saluer à droite & à gauche, quand il paroît en public. Cet avis peut être excusé par l'idée, plus sage peut-être qu'on ne croit : & consacrée dans toute l'Asie, qu'une gravité majestueuse entre pour beaucoup dans la composition d'un souverain. Le critique le relève avec une ironie amere, mais il se garde bien d'observer qu'à côté de ce conseil très-indifférent, il y en a un bien respectable.

Le ministre, en dispensant son maître de saluer ses sujets, lui recommande de s'informer soigneusement s'ils ne sont pas vexés. *Votre*

*majeſté, dit-il, demandera aux ſolaks,
d'entre les plus anciens qui marchent
à ſes côtes, s'il y a abondance de
vivres dans la ville, & les détachera
pour s'en informer, & pour ſavoir ſi
les denrées ſont à juſte prix.* Il ſemble que cette attention eſt d'une toute autre conſéquence que la vaine cérémonie d'un ſalut. Il n'y a pas, ſans doute, de payſan qui ne préférât du pain à bon marché, aux révérences de ſon ſouverain.

Le viſir dit à ſon maître, que quand il donne audience en cérémonie aux ambaſſadeurs, *il n'eſt point à propos qu'il leur demande aucune choſe des affaires d'état;* & le cenſeur a ſoin de relever ce trait en groſſes lettres capitales, comme ſi c'étoit une prévarication énorme, un conſeil odieux & funeſte. Mais y a-t-il donc une ſeule cour, où la même politique ne ſoit pas en uſage?

Eſt-ce dans les audiences d'appareil que les affaires ſe traitent ? Ne ſe réduiſent-elles pas, de la part du miniſtre étranger, à des compliments bien ou mal tournés, ſuivant que ſes ſecrétaires ont plus ou moins d'eſprit ; & de la part du prince, en quelques politeſſes du geſte, ou tout au plus en quelques paroles réglées par le protocole des formalités ? N'eſt-ce pas dans le particulier, & entre les miniſtres, que les négociations s'entament & ſe ſuivent ?

Et quand ce cérémonial n'auroit pas lieu dans tous les pays du monde, quand il ne ſeroit pas en vigueur chez les princes chrétiens, par exemple, dont les repréſentants parlent aſſez ordinairement la langue des pays où on les envoie, ſi le ſouverain l'ignore, ne ſeroit-il pas indiſpenſable en Turquie, où l'i-
diome

diome des négociateurs eſt preſque néceſſairement inconnu au prince qui les admet à le ſaluer, & à ſes mi‑ niſtres?

Dans ce livre, qui fait un très‑ petit volume, on trouve une quan‑ tité prodigieuſe de renſeignements : tout le ſecret de la monarchie Otto‑ mane y eſt raſſemblé & mis au jour. On y voit la recette & la dépenſe de l'état, le nombre des troupes, ce qu'il en coûte pour leur paye, pour leurs marches, pour les préparatifs d'une guerre imprévue. On y lit le relevé de toutes les contributions des provinces, celui des officiers de juſtice, celui de la maiſon impé‑ riale, des appointements des gou‑ verneurs, du nombre des bachas & de tous leurs ſous ordres, enfin toutes les ſubdiviſions politiques de l'empire, & cela avec les détails les plus nets & les plus ſatisfaiſants. Il n'y a point de prince en Europe, qui ne dût fe croire heureux d'avoir dans fon cabinet un tableau auffi précis , auffi complet de toutes les parties de fon adminiftration.

CHAPITRE XXII.

Que les principes du Gouvernement en Asie, tiennent en tout à ceux de la religion, & en dérivent.

CE livre, cité comme un monument capable de dégrader à jamais les administrations orientales, est peut-être le plus beau trophée qui ait jamais été dressé à la bienfaisance, à la justice, par aucune main employée aux détails du ministere; & l'esprit qui y regne, n'est pas celui du ministre en particulier : il ne faut pas croire que ce soit uniquement le goût du visir auteur, qui l'ait dirigé dans cette rédaction précieuse des principes les plus lumineux & les plus salutaires en politique. Par-tout on voit qu'il n'a fait que suivre l'impulsion donnée à toutes les parties du gouvernement par un mobile infiniment refpectable, oublié dans tous les autres ; par la religion : à chaque page il la rappelle.

Si le fultan avertit un officier de ne pas commettre de malverfations, c'eft comme péché qu'il les lui interdit ; c'eft à Dieu qu'il l'avertit qu'elles déplaifent. S'il l'exhorte à fe bien conduire, il lui préfente la récompenfe qui l'attend dans l'autre vie. Je voudrois bien voir, dans notre Europe, un fouverain qui propoferoit à fes généraux le paradis, pour prix de leur délicateffe à ne point exiger de contribution en pays ennemi. Je ferois curieux d'entendre un roi d'Angleterre exhorter les membres du parlement à ne point prévariquer dans leurs fonctions, de peur d'être damnés. Ce reffort, infiniment utile, des grandes adminiftrations, a été ufé, détruit parmi

nous, par l'examen, par le frotte-
ment, s'il est permis de le dire,
d⸗s discussions philosophiques : en
sommes-nous mieux ?

Il subsiste encore dans toute sa
force, il a conservé toute son élas-
ticité en Asie. L'alcoran y est chez
eux, comme la bible a été chez les
Juifs, la loi civile & sacrée. C'est,
à la fois, la source de la jurisprudence
qui fixe les possessions & le gage du
salut. C'est la regle des tribunaux publics qui ont la force en main pour
se faire respecter, & celle de ce tribunal secret que chaque particulier
porte dans son cœur, & dont il ne
peut ni méconnoître, ni éluder les
arrêts. Cette loi n'admet ni dispenses,
ni excuses : elle lie le souverain autant & même plus que le dernier de
ses sujets. Il n'y a pas de raisons
d'état qui puissent en colorer l'in-
fraction.

Il est si vrai qu'elle fait une partie

conftitutive du gouvernement, qu'elle fe foutient, quoiqu'elle n'ait point de clergé pour fa garde : elle fe produit & fe fait adorer fans cette efcorte de pontifes, de facrificateurs, qui, dans tous les autres pays du monde, réclament fans ceffe l'hommage dû aux dogmes qu'ils prêchent.

C'eft une remarque bien effentielle dans la matiere que je traite. On foutient, & avec raifon, que la fuperftition eft la compagne du defpotifme, que les prêtres ont toujours été appelés & foutenus par les defpotes. Rien n'eft fi vrai. Mais il n'y a jamais eu de pays où les prêtres aient eu moins de confidération qu'en Afie.

A commencer par la Chine, les bonzes font méprifés. Dans l'indouftant, les brames font plutôt des gens de loi que des prêtres, & ils ne gouvernent point. En Perfe, en Turquie, dans tous les pays foumis

au mahométifme, c’eft à-dire, dans
la moitjé de l’ancien monde, on n’a
pas même l’idée d’un clergé. Donc
le defpotifme n’exifte point dans ces
pays-là.

Les orientaux ont évité par ce
moyen les conteftations entre les
deux puiffances. Les payens les
avoient éludées, en incorporant ces
deux puiffances, en ne fouffrant pas
que le culte des dieux fût exercé
exclufivement par les eccléfiaftiques.
Les mahométans ont mieux fait encore. Le fouverain a la police immé-
diate du culte. Il eft le dépofitaire
primitif du dogme.

Ils n’ont jamais admis l’exiftence
d’un corps fpécialement devoué au
fervice des autels. Toute efpece
d’hiérarchie eccléfiaftique leur eft
inconnue. Le muphti, que nous re-
regardons comme le chef de leur
religion, ne l’eft réellement que de
leur jurifprudence, parce que la ju-
F iv

risprudence n'eſt en effet que leur religion. Ses feſtas ſont des conſulta-tions où il décide les points épineux de la doctrine. Les cādis, les mu-lezims, ne ſont que des juriſcon-ſultes qui appliquent aux cas qu'on leur propoſe, les déciſions pronon-cées par l'oracle irréfragable dont ils ont fait une étude particuliere. Enfin, quoi qu'on en diſe, il n'en ſera pas moins conſtant que le code ſpirituel des Turcs eſt auſſi leur guide unique dans les affaires tem-porelles. Il ſera toujours très-certain que, par la plus ſage de toutes les économies, ils n'emploient qu'un moyen pour s'aſſurer un repos in-variable en ce monde, & une éter-nité heureuſe dans l'autre.

DU PLUS HEUREUX
GOUVERNEMENT

OU

PARALLELE DES CONSTITUTIONS POLITIQUES DE L'ASIE, AVEC CELLES DE L'EUROPE.

SECONDE PARTIE.

CHAPITRE I.

De l'Anglicisme, son origine & ses effets en général parmi nous.

APRÈS avoir fixé la véritable idée que l'on doit prendre des gouvernemens de l'Asie, examinons celui que leurs adver-

F v

faires ont pris en Europe pour terme
de comparaifon. C'eſt la conſtitution
de la grande Bretagne.

Voilà l'idole pour laquelle on a
mendié notre culte, & dont on a
conſigné la liturgie dans une infinité
de livres. Voilà la divinité vers laquelle on a tourné nos regards ;
l'aſtre bienfaiſant auquel tous nos
reptiles philoſophiques ſe ſont hâtés
de rendre hommage. Erreur cruelle :
erreur dont nos deſcendants déplo-
reront les funeſtes ſuites : erreur qui
entraînera tôt ou tard la déſolation
des malheureuſes contrées où elle a
été commiſe : erreur enfin, dont les
véritables philoſophes ne peuvent
trop ſe hâter d'arrêter les progrès.

C'eſt une terrible preuve de notre
légéreté & de notre inconféquence,
que l'état où eſt auʲourd'hui notre
république littéraire, & la tournure
qu'ont fait prendre nos écrivains aux
futilités de ce monde oiſif qui pré-

tend penfer par excellence, & qui,
au fond, ne fait que végéter dans
une inaction fi fatigante. L'*Efprit
des Loix*, les ouvrages encore plus
juftement célebres, encore bien plus
univerfellement admirés d'un des plus
beaux génies que la nature ait produits, ont fait naître parmi nous
un enthoufiafme épidémique pour les
Anglois & tout ce qui fort de leur
île. Les progrès de cette contagion
ont été d'une rapidité effrayante.

C'étoient d'abord leurs vers, leur
philofophie & leurs chapeaux que
nous adoptions; mais bientôt leurs
mœurs, leur licence, leur efprit de
murmure & d'indocilité, leur goût
pour les factions, pour les partis,
leurs ufages même fe font tranfplan-
tés parmi nous. D'une admiration
folle pour le plus abfurde, le plus
inconftant, le plus orageux de tous
les gouvernements, nous avons paffé
à l'envie forcenée d'imiter en tous

F vj

les individus , qui ont l'impudence orgueilleuse de s'en applaudir.

Livres , vie intérieure , fpectacles , équipages , plaifirs même , tout a été à l'angloife. Nous avons enfin confacré un temple dans notre capitale aux triftes voluptés de Londres. Elles ont eu dans Paris un fanctuaire dédié fous leur nom , comme s'il convenoit , fur tout à des François , d'aller danfer fous des aufpices étrangers , & qu'on n'eût pu décorer une falle , deftinée aux affemblées publiques , d'une autre enfeigne que le nom barbare de *Wauxhall*.

Des farces atroces fe font en même temps emparées de nos théâtres : nos acteurs ont appris à hurler les plus dégoûtantes , les plus abominables rapfodies qui aient jamais déshonoré l'art des Sophocles; & comme rien n'influe plus fur les mœurs que les repréfentations théâtrales ; ce que nous avons gagné à

cette révolution, c'eft de perdre entiérement la gaieté nationale ; c'eft
d'empoifonner nos humeurs de cette
fombre contrainte, de cette défiance
concentrée, de ce goût d'une crapule folitaire, qui fe font naturalifés
à Londres parmi les fumées fulphu-
reufes du charbon de terre, & les
boues infectes qui en baignent les
rues.

Encore feroit ce un mal médiocre,
s'il n'avoit pas été plus loin ; mais
des bords de la Tamife, parmi ces
productions du luxe & du caprice,
s'eft étendue jufques chez nous une
influence encore plus redoutable,
une fecte s'eft élevée qui s'eft pi-
quée fur tout de diriger les princes
& de maîtrifer la fubfiftance des
peuples ; fecte qui compte pour rien
la vie des hommes, & qui a ofé,
pour fondement de fa croyance, éta-
blir que les denrées feules pouvoient
être comptées pour quelque chofe

par la politique ; fecte qui a toujours le mot d'économie à la bouche, & qui favorife, finon directement par fes principes, au moins très-certainement par fes conféquences, la plus effroyable diffipation ; fecte d'autant plus dangereufe, qu'elle s'attache à exciter le fanatifme, qu'elle féduit de belles ames par l'apparence & la nobleffe impofante de fes myftiques fpéculations, qu'en affectant de la fierté elle s'infinue avec adreffe dans les cabinets des grands, que fes adeptes parviennent à l'opulence en parlant beaucoup de la mifere des autres, monftrueux mélange enfin de la frivolité françoife & de la pefante, de l'inhumaine inconféquence des Anglois.

A la premiere & trop durable explofion de cette pefte agronomique, tous les principes ont été boulverfés & méconnus ; l'exiftence des peuples, le fang des hommes vraiment utiles ou , ce qui revient au même, leur nourriture & leur liberté , font devenus le jouet des fyftêmes d'une infinité de rêveurs qui fe font réunis en corps, pour confolider les fruits de leur délire ; ils ont multiplié les brochures, les pamphlets, les gros & les petits livres ; ils ont crié qu'ils avoient découvert le *principe fondamental* des adminiftrations , le véritable arbre de fcience du bien & du mal. Les Adams politiques fe font laiffé prendre aux careffes & aux féductions de cette nouvelle Eve ; ils ont reçu le fruit qu'elle leur tendoit : ils en ont mangé, & un renverfement entier des idées les plus faines, a été. l'effet de cette complaifance fatale.

Je crois en l'attaquant rendre le plus grand de tous les fervices à ma patrie ; je me trouverois vraiment un citoyen utile , fi je pou-

vois parvenir à défabuſer notre jeuneſſe de la prévention aveugle qu'on
lui inſpire en faveur d'une nation
dont le gouvernement peut être bon
pour elle, mais ſeroit aſſurément
pour nous, le plus honteux des op-
probres & la plus affreuſe des calamités.

CHAPITRE II.

De l'équilibre des trois pouvoirs en Angleterre. Combien la sécurité qu'il inspire est illusoire & dangereuse.

QUEL est sur-tout le secret de ce merveilleux gouvernement dont on nous crie d'envier la sécurité ? C'est, dit-on, l'équilibre parfait des trois pouvoirs qui le composent ; c'est l'attention qu'a chacune de ces parties de veiller pour réprimer les entreprises de l'autre, & la force réelle qui lui assure la puissance d'y réussir. Mais qui ne voit que cet état bien loin d'être celui du calme, n'est autre chose que la proximité éternelle du plus violent orage ?

Il ne peut y avoir, ni au moral, ni au physique, de position plus défectueuse que l'équilibre, parce que c'eſt la plus facile à déranger. Quand les deux plats d'une balance ſe contrepeſent avec exactitude, deux grains ajoutés à l'un des deux ſuffiſent pour le précipiter ; au lieu que s'il y en a un qui ait ſur l'autre l'avantage d'un poids conſidérable, ſa ſituation en ſera bien plus ferme, & ſa tranquillité bien plus difficile à altérer.

J'avoue que l'équilibre pourroit être un bien pour des êtres ſans paſſions : il y ſubſiſteroit toujours comme on le voit ſubſiſter entre un poids d'une livre & un paquet de muſcades qui peſe deux marcs. Ces maſſes immobiles par elles-mêmes, reſteront toute une éternité dans l'inaction, tant qu'il ne ſurviendra pas d'impulſions étrangeres qui les dérangent ; mais en eſt-il de même dans les balances de la politique ?

Chacun de ces pouvoirs qui ſe combattent à Londres, dit-on, avec tant d'égalité, ne porte-t-il pas dan lui-même un principe d'action & de vie, qui tend perpétuellement à lui faire franchir ses bornes, & par conséquent à augmenter son poids ? Ce poids n'est-il pas susceptible de mille diminutions, ou de mille accroissements ? La puissance royale n'a-t-elle pas, quand elle le veut, une influence sensible dans les élections des membres du parlement ; & dès qu'une fois elle a gagné par de l'argent comptant ou des dignités, ces prétendus protecteurs de la patrie ; que devient l'équilibre, que devient la félicité ?

Quand même les distributions d'argent n'auroient pas été faites par le roi ; quand ce seroient ces prétendus citoyens qui auroient épuisé leur propre patrimoine, pour s'assurer le droit d'être, dans un parlement, les représentants de la nation, ses prérogatives en seroient-elles mieux défendues par eux, & plus assurées entre leurs mains ? Quiconque a acheté eſt toujours prêt à vendre. Quand il y a une fois une ſolde fixée, ces vertueux ennemis du pouvoir arbitraire en deviennent ſans ſcrupule & ſans pudeur les plus lâches partiſans ; ils exécutent avec le glaive de la juſtice plus de meurtres que les Nérons, les Domitiens n'en commandoient à leurs légionnaires : ils aſſaſſinent avec des loix & des bourreaux, comme les plus déteſtables tyrans le faiſoient avec des ſoldats. Toutes leurs démarches ne ſont plus que des outrages faits à la juſtice, & tous leurs arrêts des monuments effroyables qui couvrent à jamais de honte & la nature & la raiſon.

Où eſt donc l'avantage de cette conſtitution ? Qui de nous prefereroit de trembler toute ſa vie à l'embouchure du veſuve dans la crainte perpétuelle d'être englouti dans ſes abymes, ou conſumé par ſes flam-

mes, plutôt que de vivre paisibles
dans les belles plaines du Palatinat,
où l'œil ne rencontre rien qui ne
le flatte & ne le rassure. L'Angleterre est le volcan. Les plaines sont
le gouvernement de l'Asie.

CHAPITRE III.

Que la prétendue sécurité, inspirée, dit-on, par les loix & les formes en Angleterre, ne favorise que les esprits brouillons & le désordre.

EN Angleterre, de même que dans les pays où les citoyens n'ont point d'autre sauvegarde que les formes ; il n'y a pas de grand qui ne puisse vexer, depouiller inpunément un petit. Tout ce que celui-ci peut espérer, s'il est aidé par d'heureuses circonstances, c'est la réstitution, mais combien de temps, de peine, de soin & de dépenses pour l'obtenir! Et s'il est pauvre qui fera pour lui les avances ?

A quel danger d'ailleurs s'expose le ravisseur, dans le cas même où l'opprimé réussit? Tout au plus à celui de rendre fa proie. Il a, dans tous les cas, le plus grand intérêt à commencer par s'en emparer avec violence; & il y a cinquante probabilités contre une qu'il ne fera pas obligé de s'en déffaifir.

En Afie, au contraire, je l'ai déjà dit, le grand oppreffeur court rifque de fa tête. Un Firman qui ne coûte rien, rendu fur une requête qui ne coûte que le prix du papier fur laquelle on l'écrit, & la peine de la préfenter, peuvent le faire étrangler à la premiere injuftice. La liberté eft donc mieux affurée en Afie qu'en Angleterre.

Dans cette île, dit-on, on a le parlement, les compagnies, &c. Quels foibles garants de la liberté, ou plutôt de la tranquillité commune! Les compagnies font toujours plus faciles à corrompre même que les particuliers. Il y a plus de reffource dans la juftice prompte d'un Bacha, que dans la bonne volonté lente d'un corps ; & il n'y a point de compa-raison entre les injuftices dont un corps eft capable , & celles qu'un particulier peut fe permettre : celui-ci craint un châtiment , & l'autre eft toujours fûr de l'impunité.

En deux mots , par-tout pays , pour violer une loi il ne faut qu'un moment. Plus vous accumulez de formes , & plus vous favorifez le crime , puifqu'elles ne font point un obftacle pour celui qui le commet , & qu'elles n'enchaînent que celui qui en demande la réparation. Ce peu de mots tranche toutes difficultés , & prouve , fans replique , combien la politique orientale eft fupérieure à celle de l'Angleterre.

Mais enfin , dira-t-on , on y ob-tient pourtant vengearce même des miniftres : jetez les yeux fur l'affaire de ce célebre Wilkes : voyez le triomphant des favoris du prince ,

arrachant ,

arrachant, par le secours de la nation, un arrêt flétrissant contre les
dépositaires de l'autorité royale,
défendant avec intrépidité le pouvoir
des loix du fond d'un cachot, où il
ne s'étoit renfermé que par respect
pour elles, & sortant de sa prison
couvert de gloire, avec la même
pompe dont on honoroit à Rome
les vainqueurs des ennemis de l'état.

Oui, je vois tout cela & je n'en
suis pas plus ému. Je suis bien loin
de regarder comme des traits de
liberté ces agitations convulsives qui
n'annoncent qu'un délire licencieux.
Je le suis encore davantage, de respecter cette populace, qui pour té-
moigner sa reconnoissance à son prétendu vengeur, n'en imagine d'autre
témoignage que de s'atteler à son
carrosse, & qui emprunte le plus violent symptome de l'esclavage pour
désigner ce qu'elle croit l'acte le plus
vigoureux d'indépendance. Je ne

veux pas non plus creuſer les vues,
les principes, les intérêts de M.
Wilkes & de ſes partiſans : je me
borne à une ſimple conſidération.

Cette hiſtoire, regardée en Europe
comme un des plus brillants exemples de la liberté Angloiſe, eſt à
mon gré une des plus fortes preuves de la ſervitude qui flétrit dans
cette île les corps & les eſprits, de
l'aveuglement incroyable dont ſont
frappés ces prétendus penſeurs ſi clair-
voyants. A quelle peine a été condamné le miniſtre regardé comme
prévaricateur ? A une amende de
4000 guinées. Qu'en réſulte-t-il ?
Que quiconque ſeroit aſſez riche pour
ſacrifier cette ſomme à ſes plaiſirs,
& qui feroit conſiſter ſes plaiſirs à
attenter à la perſonne du citoyen,
doit choiſir l'Angleterre par préférence pour y fixer ſa demeure. Voilà
dans cette île le tarif d'un excès de
cette nature.

Un homme qui aura cent mille guinées à dépenfer par an , peut donc y commettre , fans inquiétude , au moins vingt-cinq injuftices : & fi au milieu de ces coloffes d'argent que le defpotifme du commerce multiplie à Londres , il s'en tiouvoit un qui eût accumulé affez d'efpeces pour avoir autant de quatre mille guinées qu'il y a d'êtres dans la moitié de la Nation , il pourroit en toute fûreté , & avec la protection des loix , faire mettre cette moitié en prifon par l'autre , qui ne feroit plus compofée que de fes géoliers ; tranchons le mot, de fes efclaves.

Cette idée peut aller bien loin. Tous les Anglois fans doute ne s'eftiment pas autant que M. Wilkes : tous ne fe flattent pas de valoir 4000 guinées ; leur liberté perfonnelle, leur droit de refpirer l'air ne dépend donc précifément que de l'évaluation qu'on fera de leur individu, & quiconque auroit le malheur parmi eux de n'être apprécié que vingt fchelings, courroit tous les jours de fa vie, le rifque d'être emprifonné pour deux bouteilles de vin de Champagne. Je ne fais s'il y a une réflexion plus accablante & plus affreufe.

En général, rien de fi dangereux en politique, que de compofer avec le crime & d'y mettre un prix. C'eft avertir quiconque veut devenir coupable, de commencer par s'affurer de la fomme qui doit l'abfoudre : c'eft par conféquent fapper le fondement, on ne dit pas de la liberté, mais de la fociété même. Plus de repos, plus de confiance, plus de fûreté dans tout pays où mon exiftence dépend de l'argent qu'aura mon ennemi, & où il faut que j'effuie tous fes caprices à l'inftant où il débourfera la fomme à laquelle ils font fixés.

Il est clair que si Milord H. étoit innocent, il méritoit des éloges & la reconnoissance de la Nation, pour avoir fait arrêter un satyrique obscur, que l'ardeur de jouer un rôle emportoit aux derniers excès. S'il étoit coupable, comme ayant injustement violé les droits de la liberté, il falloit qu'il les scellât de son sang, & que sa tête fût l'offrande posée en signe d'expiation sur les autels de la Déesse.

CHAPITRE IV.

Que les loix & les formalités Angloises ne font pas une reffource contre les abus du defpotifme, au contraire. Exemples qui le démontrent.

SI les loix font impuiffantes pour protéger la liberté même dans les débats entre particuliers, combien leur langueur, leur inertie s'accroît-elle dans ces combats où c'eft contre le fouverain qu'il faut entrer en champ-clos, & où celui-ci fe préfente armé de la force & de l'invulrérabilité que lui affure la couronne ? Bien vainement ces peuples abufés fe vantent-ils de leurs franchifes & de l'impoffibilité où la conftitution met leurs princes de les violer.

D'abord, quand cette chaîne envelopperoit réellement le trône, ce ne seroit pas encore une caution assurée de la sécurité des sujets. L'impuissance de manifester un ressentiment légal, nécessiteroit des crimes secrets ; & dans tous les pays du monde, en Angleterre plus qu'ailleurs, avec un titre & de l'argent, on en trouveroit sans peine les instruments. L'histoire ne fournit que trop de traits de cette facilité déplorable & du pouvoir que des princes garrottés, dit-on, par la loi, ont eu de consommer tous les attentats qu'elle proscrit. Je n'en citerai qu'un, tiré de M. David Hume, écrivain non suspect de partialité, & commis par Charles II, prince moins suspect encore de goût pour le despotisme.

„ En 1671, en plein parlement, on proposa une taxe sur les spectacles. Le parti de la cour objecta que les comédiens étoient au service du roi, & faisoient partie de ses plaifirs. Le chevalier Coventry, qui étoit du parti national, demanda fi c'étoient les acteurs ou les actrices qui fervoient aux plaifirs du monarque. Ce trait de fatyre attaquoit ouvertement le roi, qui ne fe bornant point à fes maîtreffes d'un rang fupérieur , entretenoit alors deux actrices de la comédie.

„ Il ne prit point cette raillerie d'auffi bonne grace qu'on s'y étoit attendu. On prétendit à la cour que la hardieffe de Coventry étant le premier exemple d'une violation publique de refpect pour la majefté royale, elle méritoit un châtiment qui pût arrêter la même audace. Sands, Obrian, & quelques autres gardes reçurent ordre de faire au coupable quelque bleffure dont la marque lui reftât. Il fe défendit avec beaucoup de bravoure, jufqu'à bleffer quelques uns de fes aggreffeurs. Mais l'ayant défarmé, ils lui couperent le nez jusqu'à l'os, pour lui apprendre, dirent-ils, le respect qu'il devoit au roi.

„ Les communes furent extrêmement irritées de l'outrage qu'un de leurs membres avoit essuyé, pour quelques mots prononcés dans la chambre. Elles porterent une loi qui fit un crime capital de la mutilation; & les criminels qui avoient attaqué Coventry, furent déclarés incapables du pardon de la couronne. „

Voilà une anecdote certaine. Voilà la nation outragée & mutilée dans la personne d'un de ses représentants. Quelle en fut la vengeance? La promulgation d'une loi inutile, d'une loi méprisée, d'une loi qui n'auroit pas empêché le prince de faire couper, le lendemain, le nez d'un pair, & de trouver des exécuteurs pour servir sa colere.

Les coupables étoient connus, puisque l'histoire a conservé leurs

noms. Furent-ils punis ? Sous tout
autre gouvernement , on n'auroit
jamais eu befoin de la protection
tardive & illufoire donnée à l'inté-
grité des membres de chaque particulier. Nulle part la vengeance du
prince infulté n'auroit été auffi
cruelle. Il ne pouvoit fe porter à un
auffi horrible excès , que dans un
pays où toute voie honnête pour fe
fatisfaire lui étoit fermée , où il
s'agiffoit pour lui , bien moins de
châtier l'aggreffeur , que de fignaler
fon reffentiment contre les barrieres
qui protégeoient l'offenfe, & auroient
pu enhardir à en multiplier les
exemples. Ces prétendues franchifes
ne feroient donc que la fource d'un
autre genre de tyrannie ; & la loi
qui préviendroit de légers abus d'autorité , ne ferviroit qu'à multiplier
les plus épouvantables vexations.

Mais eft-il bien vrai que cette loi
ait même ce trifte effet ? Eft-il vrai

qu'en Angleterre, elle enchaîne en effet la main du souverain, & dérobe les sujets à ses poursuites, quand elles sont injustes ? Ah ! pour le penser, il faudroit donc n'avoir jamais lu l'histoire ; il faudroit ignorer ce qui s'est passé sous les regnes les plus foibles, sous les princes les moins capables d'une haine cruelle, & d'une politique atroce.

Lisez dans Burnet, l'histoire de ce même Charles II, monarque indolent, dont les mœurs étoient douces, dont l'ame n'étoit point sanguinaire, qui ne détesta jamais que le travail, & n'eut de passion que pour le plaisir. Vous serez effrayé des barbaries judiciaires dont il est rempli. Vous serez encore plus indigné avec quelle flexibilité les juges & les loix se plioient à servir les caprices d'un maître trop pauvre pour les payer, trop foible pour les contraindre, trop mou pour avoir

pouffé loin un fyftême de cruauté ,
s'il avoit rencontré la moindre réfiftance , s'il n'avoit été encouragé &
corrompu par la perverfité des juges,
& par la foupleffe des loix à fignifier
tout ce qu'il vouloit. Les faftes des
Tiberes & des Nérons offrent moins
d'affaffinats que les fiens ne pré-
fentent d'exécutions encore plus in-
juftes.

Je n'entrerai point dans des détails affligeants , que tout le monde
peut d'ailleurs trouver dans le livre
que je cite , & qui n'eft pas rare.
Mais avant que de quitter cet article , je ne puis m'empêcher de
rapporter un exemple de l'inutilité
des loix pour la défenfe des franchifes
Angloifes , ou plutôt de la facilité
avec laquelle ces prétendus appuis
les écrafent : il eft tiré du même
auteur.

Charles premier étant en Ecoffe
pour s'y faire couronner , voulut

faire paſſer au parlement de ce royaume un bill qui fixât les prérogatives de la couronne. Un comte de Rothes le combattit, & ſur ſes repréſentations, la loi fut preſque unanimement rejetée. Le monarque vouloit, à quelque prix que ce fût, la faire recevoir. Il corrompit le greffier en chef, dont l'emploi eſt de recueillir les voix : cet officier dit que la cour avoit le plus grand nombre des ſuffrages.

„ Le comte de Rothes ſoutint le contraire : mais le roi prit parti pour le greffier. Il demanda fiérement au comte de Rothes, s'il vouloit, *au péril de ſa tête*, ſe porter pour accuſateur de cet officier, & entreprendre de lui faire ſon procès criminel, comme à un fauſſaire digne de mort : car il n'y alloit de rien moins *ſelon la loi*. Le comte n'oſa accepter cette eſpece de défi ; ainſi le bill qui avoit été réellement déſapprouvé par le plus grand nombre de voix, ne laiſſa pas que d'être enregiſtré. ,,

Cet incroyable abus des formes révolta tous ceux qui en étoient témoins. Ils tinrent des aſſemblées ; ils firent des remontrances : mais le bill n'en ſubſiſta pas moins ; & un des lords qui l'avoient attaqué avec plus de chaleur, fut bientôt après condamné à mort, toujours ſuivant les regles.

Je ne ferai, ſur cette étrange anecdote, qu'une ſeule réflexion. Qu'eſt-ce qu'une loi qu'on ne peut invoquer qu'en expoſant ſa vie ? Qu'eſt ce qu'un privilege, dont la révendication fait courir à celui qui le réclame, le même péril qu'à celui qui le viole ? Avec de pareilles reſtrictions, n'eſt-il pas clair que la loi ſera toujours muette, & les ſujets toujours opprimés ?

CHAPITRE V.

De la régie des finances en Angle-
terre. Combien le syſtême en eſt per-
nicieux & diſtructif.

MAIS je veux ſuppoſer que la légiſlation Angloiſe ſoit propre à produire tout le bien qu'on en attend :
quel ſeroit ce bien ? C'eſt ſans doute
d'épargner des impôts : c'eſt à l'augmentation de ces charges que ſe réduit pour le peuple la tyrannie la
plus cruelle, & le gouvernement le
plus dur. Or on ſait ſur cet article
en quel état eſt l'adminiſtration de
la Grande-Bretagne. Il n'y a point
de pays au monde, où la finance
ſoit plus avide, & les taxes plus
multipliées. Il n'y en a point où la
perception ſoit plus gênante, où les
détails qui l'accompagnent ſoient

plus humiliants, & même plus def-
tructeurs.

On essuie chez eux, comme chez
nous, ces interrogations outrageufes
qui ne difpenfent pas d'une vifite in-
commode, cette néceffité de faire
des déclarations que l'on n'exige
de la bonne foi d'un paffant, que
pour lui faire mieux fentir combien
on s'en défie.

On retrouve chez eux, comme
chez · nous, ces prohibitions prof-
crites par la raifon & par l'humanité éclairée, ces véritables guerres
civiles, où les fujets d'un même
prince, les citoyens d'un même
empire, les enfants d'une même
patrie fondent avec fureur les uns
fur les autres, & où la victoire, de
quelque côté qu'elle fe déclare, ne
peut être qu'une véritable perte pour
l'état.

La contrebande, chez eux comme
chez nous, eft punie de mort. La

patrie entretient à grands frais des gardes-côtes foudoyés pour affaffiner en fon nom ceux de fes enfants qui effaieroient d'introduire dans fon fein une pinte d'eau-de-vie , fans payer la taxe impofée fur cette li-queur.

Enfin, on retrouve chez eux, comme chez nous, ces droits ab-furdes, dont le délire de la finance a rempli l'Europe dans nos temps modernes, ces entrées, ces forties qui tuent le commerce, & dont la perception abforbe à-peu-près le produit ; ce papier confacré au fer-vice de la chicanne par des hiéro-glyphes myftérieux qui en décuplent la valeur, & qui mettent au rang des fources du revenu public le plus dangereux fléau peut-être qui puiffe fe glilfer dans un empire.

Ce n'eft pas tout : comme s'il falloit que dans une île où la rai-fon eft, dit-on, fi bien cultivée, &

les regles fi fagement établies, les premiers principes de la raifon fuffent oubliés , & les regles les plus fimples dédaignées, par la maniere dont on applique les fruits de ces impôts , l'emploi en devient encore plus rui-neux , plus défefpérant que la levée. On n'attend point que les contri-butions aient produit la maffe qui doit en réfulter ; on la compofe d'a-vance fictivement par une opération nommée *emprunt*, dont les effets funeftes ne font que trop fenfibles.

Les arrérages deftinés à récom-penfer & à motiver la confiance qui fournit ces fonds prématurés , com-mencent à diminuer la totalité des fonds réels, dont la rentrée eft plus tardive; ils fe trouvent infuffifants pour le rembourfement ; des befoins im-prévus & preffants les confument.

Les créanciers, prévenus que c'eft la nation qui leur doit, & que leur capital ne court aucun rifque, confentent à prolonger le terme fixé pour éteindre la dette, & quand ils n'y confentiroient pas d'eux-mêmes, on les y forceroit bien. On la rejoint à la maffe des contrats anciens. Chaque parlement, au lieu de s'occuper à les liquider, ne cherche au contraire que les moyens de les augmenter. Tout le produit des impôts qu'ils déterminent, s'épuife à payer les intérêts des emprunts déjà faits & de ceux qu'ils ordonnent. Le fardeau, ainfi accru par des couches nouvelles, paffe d'une affemblée à l'autre, qui ne manque pas d'y ajouter la fienne; & le fiecle préfent fe ruine pour écrafer fa poftérité.

Voilà le vrai tableau de l'économie financiere de la Grande-Bretagne. Que cet abus des reffources & du crédit fe fût introduit chez des peuples foumis au pouvoir arbitraire, gouverné par des miniftres à qui le moment préſent ſeul eſt précieux, & qui ne s'inquiètent point des ſecouſſes que le timon de l'état pourra éprouver quand il ſera ſorti de leurs mains, il n'y auroit rien d'étonnant ; mais qu'il ait pris racine dans une nation dirigée par des repréſentants qu'elle choiſit, dans une nation qui nomme au ſouverain ſon conſeil, qui diſpoſe de ſes finances, de leur perception, de leur emploi; dans une nation qui ſe pique d'être éclairée, humaine, philoſophe, qui prétend ménager avec un art égal la liberté des hommes & leurs vrais intérêts, c'eſt un prodige que je ne conçois pas, & qu'aucun des lecteurs qui voudra prendre la peine d'y ré-fléchir, ne concevra, je crois, pas davantage.

La poſition des Anglois, au milieu de leur p étendu triomphe, eſt ef-frayante. Ils ne ſe ſont laiſſé d'au-tre alternative qu'une banqueroute honteuse, ou une aliénation entiere de leurs biens, & même de leurs corps.

Suivant leurs loix, tout créancier a une action contre la personne du débiteur insolvable. Suivant leurs loix encore, la nation, c'est-à-dire tous les individus qui la composent, sont chacun en particulier, & solidairement les uns pour les autres, cautions respectives des engagements contractés par les deux chambres. Or il est sûr que la masse des dettes dont elle est chargée, excede la valeur mobiliaire & fonciere de tous les biens qu'elle y a pu hypothéquer. Il n'y a donc point de peuple qui soit plus près que les Anglois, de l'esclavage même personnel. Suivant les regles de leur propre justice, s'il y avoit un tribunal devant lequel on pût les réclamer, il ne seroit ni impossible, ni déraisonnable de demander que toute la nation fût mise en prison,

& vendue pour l'acquit de ſes charges.

Elle compte ſur ſa marine & ſes
canons, pour empêcher l'exécution
d'un décret auſſi équitable : mais
quand on en eſt là, il ne faut plus
parler de juſtice ni de philoſophie.
Il faut réclamer la force, qui n'a
pas beſoin d'apologie ; mais alors
auſſi il ne faut plus flétrir la mémoire des Cartouches & des Mandrins. On n'eſt en droit que de les
plaindre de n'avoir pas été plus heureux ou mieux accompagnés : ce qui
donne lieu à un droit public tout
nouveau.

CHAPITRE VI.

De la police intérieure de l'Angleterre. Du vol. Abſurdité de la crainte qui le fait tolérer. Inhumanité de la législation dans les ordonnances pénales.

LA principale attention de la ſouveraineté, doit être de prévenir ou de réprimer les attentats particuliers qui ſe commettent contre la propriété. C'eſt ce qui a fait, dans tous les états policés, mettre le vol au rang des édits que la juſtice punit avec plus de rigueur. Preſque partout la vie même du coupable en a paru à peine une expiation ſuffiſante.

Les Anglois eux - mêmes à cet égard ont été ſubjugués par la néceſſité, & le torrent de la coutume univerfelle. Ils ont auffi prononcé la peine de mort contre les brigands, qui troublent la fûreté des grands chemins; mais par un travers inconcevable, ils femblent avoir ménagé des encouragements à ces ennemis publics, que l'intérêt commun dénonce. Ils paroiffent s'être attachés à faciliter l'impunité des larcins, en établiffant que le fupplice ne déshonoreroit pas, & le plaçant au rang des petits délits que la fociété pardonne, quoique la loi les profcrive.

Auffi les grands chemins font infeftés de brigands, qui rapportent impunément leur proie dans Londres, qui y vivent dans la fplendeur & la bonne chere, qui y font fouvent connus & admis dans les cercles : il y a plus, qui ont quelquefois des noms, des titres, & qu'un libertinage forcené tire de cette fange crapuleufe, dont perfonne ne leur fait un crime, pour les conduire fur

les

les routes où les paffants leur paient fans murmure un tribut convenu.

C'eft ici un des plus extravagants travers dont ces têtes, que l'on fuppofe fi fortes, font remplies. Ils avouent que la multiplicité des voleurs eft onéreufe, qu'elle tend même à la corruption des mœurs & à la propagation de la débauche ; mais ils foutiennent qu'une exacte police, qui les fupprimeroit, feroit encore plus dangereufe; ils prétendent qu'une Maréchauffée réguliere ferviroit plus encore à leur oppreffion qu'à leur défenfe, & qu'en effrayant les filoux elle deviendroit, dans la main du prince, le gage & le moyen de la fervitude des citoyens.

On pourroit faire une infinité de réponfes à ce faux raifonnement. Je n'en ferai qu'une. Quels rifques courent des fujets, même de la part du defpote le plus tyrannique ? Celui de voir leurs perfonnes & leurs biens foumis à fes caprices ; celui de voir emporter leur argent par fes fatellites, & d'en effuyer de mauvais traitements. Mais que font les voleurs dont l'Angleterre, & fur-tout les environs de Londres, fourmillent ? pas autre chofe affurément.

Ils prennent l'argent des paffants : ils les battent fouvent, quand le butin offert à l'avidité de ces forbans ne leur paroît pas fuffifant : ils tuent rarement, à la vérité, mais c'eft qu'on leur réfifte rarement, & qu'à la crainte d'un péril imaginaire de la part d'une police exacte, les Anglois joignent une lâcheté réelle envers les miférables que leurs préjugés protégent fi puiffamment, & à qui leur inconféquence offre une folde fi fructueufe.

Mais, volé pour volé, ne vaudroit-il pas mieux l'être au nom du prince qui du moins auroit feul ce droit funefte ; dont l'intérêt feroit de l'ôter à tout autre ; qui d'ailleurs ne pourroit en faire ufage qu'avec dés précautions capables d'en tempérer l'abus, plutôt que de fe trouver fans ceffe à la difcrétion des plus vils fcélérats, d'une efpece d'hommes qui, ayant fecoué tous les préjugés, & paffant leur vie entre la mifere & la débauche, ne font plus même fufceptibles du dernier frein qui peut arrêter les paffions, c'eft-à-dire du remords ?

La prétendue indépendance dont les Anglois fe fortifient, & le défaut de police dont ils s'énorgueilliffent, n'eft donc pas feulement une méprife dangereufe, c'eft encore une pufillanimité abfurde, une inconféquence extravagante ; ils font tributaires de la lie de l'efpece humaine, de peur de le devenir d'un fouverain qui pourroit avoir des vertus.

Ce n'eft pas feulement en ce point

que leurs idées fur la légiſlation ſont repréhenſibles : au moins ici elles ne ſont que puériles ; il y a des cas où elles ſont atroces, & où cet enfantillage, qui paroît au premier coup d'œil ſi plaiſant, prend le caractere de la plus épouvantable inhumanité. Nous ſommes, en général, dans l'opinion que les loix de la Grande-Bretagne, ſont le chef d'œuvre de la douceur & de l'indulgence : nos philoſophes, ou plutôt nos philoſophiſtes, quand ils veulent déprimer les nôtres, ne manquent pas de citer quelques lambeaux des coutumes Angloiſes ; & de venir, armés de ce fumier infect, inſulter impudemment les uſages de leur patrie. Je leur fais grace, ainſi qu'à leur idole, d'une diſcuſſion approfondie : je me reſtrains à un ſeul fait, à un ſeul point de comparaiſon.

Nos loix ſpécifient le cas des *muets volontaires* ; c'eſt-à-dire, où un accufé cité devant les juges, refufe de répondre, & n'oppofe qu'une obfti-nation filencieufe à des interrogations preffantes ; elles ordonnent qu'on leur faffe leur procès comme à de vrais coupables ; mais avec quels égards, avec quelle fcrupuleufe attention reglent-elles la marche du juge dans cette cruelle procédure ?

Elles fufpendent l'inftruction par toutes les formes que la crainte de la voir trop rapidement confommée, leur a fait inventer. A chaque inftant du procès, l'accufé eft le maître de l'arrêter & de l'anéantir, en fe dé-portant de cette taciturnité contu-mace qui alarme juftement la juftice. Tout ceffe au moment où il ouvre la bouche, & la premiere parole qu'il prononce décide fon abfolution fur tout ce qui s'eft paffé relativement à fon filence. Comment croit-on que l'humanité Angloife ait ftatué fur le même cas ? Le voici.

H iij

" Quand l'accufé refufe de plaider, c'eft-à-dire de répondre à l'interrogation : *êtes-vous coupable, ou non ?* Le juge, après l'avoir exhorté à répondre, & lui avoir repréfenté les conféquences de fon refus, prononce cette fentence : *Qu'on le conduife en prifon, qu'il y foit placé nud à terre étendu fur le dos ; qu'on faffe dans la terre un trou à l'endroit de fa tête ; qu'on y enfonce fa tête, & que fur toutes les parties de fon corps, on pofe autant de pierres & de fer qu'il en peut foutenir, ET PLUS ; tant qu'il vit, qu'on lui donne du pain & de l'eau, L'UN ET L'AUTRE LES PLUS MAUVAIS POSSIBLE, & tirés du voifinage de la prifon ; QUE LE JOUR QU'IL MANGERA, IL NE BOIVE PAS ; QUE LE JOUR QU'IL BOIRA, IL NE MANGE PAS, vivant ainfi jufqu'à ce qu'il foit mort* ,, (1).

---

(1) *Ducatur in prifonam,* (cette expreffion s'eft confervée en Anglois) *& ibidem nudus ponatur*

L'auteur dont ceci eſt tiré, ajoute :
" cette ſentence une fois prononcée,
„ l'accuſé ne peut la changer en ſe
„ ſoumettant à répondre : il faut
„ qu'elle ſoit exécutée „.

Je frémis en tranſcrivant cette
effroyable ordonnance ; la légiſlation
des Tigres & des Chacals n'offri-
roit rien qui y fût comparable. Il
y regne un ſang froid ſi horrible,
un rafinement ſi infernal, qu'on ne
peut pas concevoir qu'une tête humaine ait pu l'imaginer.

Combinez-en toutes les parties :
on fait un trou ſous la tête, afin

---

ad terram ſuper dorſum ſuum directè jacens, & fo-
ramen in terrâ ſub ejus capite fiat, & caput ejus
in eodem ponatur, & ſuper corpus ejus ubilibet
ponatur tantam de petris & ferro, quantum por-
tare poteſt & plus; quandiu vivit, habeat de pane
& aquâ peſſimis & priſonæ ejus proximis, & illâ die
quâ comedit non bibat, atque il'â die quâ bibit,
non comedat, ſic vivendo quouſque mortuus fuerit.

qu'elle puisse participer au fardeau dont on s'apprête à l'écraser ; ce qui ne seroit pas si commode, si on lui laissoit l'éminence que lui donne sa rondeur ; on charge le tout de ce qu'il peut soutenir, *& plus*.

Si on donne au misérable, ainsi martyrisé, des aliments, c'est un nouveau supplice : non-seulement le Légistateur recommande qu'ils soient choisis *mauvais*, *infects*, mais il ne veut pas même que la fraîcheur de l'eau puisse servir à rendre moins amère la siccité du pain. Le jour qu'il mangera, il n'aura point à boire ; & le jour où on aura trompé sa soif par un breuvage corrompu, ce soulagement sera diminué par le tourment de la faim : & pour comble, si dans l'horreur du supplice, le ré-pentir vient ouvrir sa bouche, le bourreau a ordre de la fermer ; la justice se retire de peur de l'entendre, & l'infortuné expire dans le défefpoir, en implorant à grands cris la vengeance du Ciel [contre fes affaffins.

Elle eft fupprimée, dit-on, cette loi étonnante. Il eft vrai ; mais depuis quand ? de cette année. Elle a donc exifté même depuis ces réformes qui ont, à ce que l'on prétend, affuré en Angleterre la liberté, l'humanité. Elle a été reconnue, exécutée encore de nos jours dans ces parages fpécialement confacrés en apparence à ces vertus.

Et combien d'autres outrages n'y ont-elles pas reçu & n'y reçoivent-elles pas tous les jours ? Qu'eft ce que ce crime de *haute trahifon*, & ce fupplice atroce, par lequel on le punit ? Il y a des contrées où l'on divife en quartiers, à force de chevaux, le furieux qui ofe lever la main fur le chef de la nation, &

compromettre en fa perfonne tout l'Etat, que ce chef repréfente : mais au moins ce tourment affreux eft rare, parce qu'heureufement le torfait qui le motive n'eft pas de nature à devenir commun, & il ne s'applique précifément qu'à l'attentat qui auroit mis phyfiquement la vie du prince en danger ; mais en Angleterre toute efpece d'oppofition aux intérêts du roi, peut être punie comme *haute trahifon* s'il eft vainqueur ? Et voici la formule du châtiment.

On ouvre l'eftomac du vaincu, on lui arrache le cœur, & le bourreau lui en bat les joues; exécution bien plus dégoûtante qu'effrayante, & dans laquelle on femble s'être propofé plutôt d'infulter la nature que de donner des leçons aux fpectateurs. Eft ce un peuple libre chez lequel la vie des hommes eft auffi peu ménagée ? Eſt-ce un peuple humain chez lequel on la leur ôte avec des formalités auſſi recherchées & plus puériles encore que barbares ?

CHAPITRE VII.

*Reflexions importantes sur la mé-
prise des Législateurs Anglois dans
la distribution des peines. Absurdité
cruelle de la précipitation avec laquelle les procedures criminelles font
traitées en Angleterre, tandis que les
procès civils font interminables.*

ET observez combien, aux bords
de la Tamise, l'esprit des loix pénales est opposé à ce que la raifon conseille, à ce que la politique
ordonne, qui est de les diriger vers
le plus grand avantage public.

En Asie on étrangle, on empale,
on écorche un Visir prévaricateur :
c'est le peuple que l'on venge : c'est
la justice que l'on établit. On jette
vif dans son four un boulanger qui

a vendu le pain à faux poids : c'eſt
la poli e que l'on aſſure : c'eſt le
pauvre que l'on garantit d'une vexation ſourde & meurtriere pour lui.
Quand il n'eſt queſtion que des intérêts du prince , quand ce n'eſt pas
l'état, le citoyen qui eſt compromis ,
la loi dépoſe le glaive & ne montre
plus que de l'indulgence , comme on
le voit dans la perception des doua-
nes , dans celle des impôts de tous
les genres.

Dans la Grande Bretagne, & en
général dans toute l'Europe , les loix,
cruelles tant qu'il n'eſt pas queſtion
du public , ne deviennent douces qu'à
ſon préjudice. Toutes les prévarications dont il eſt l'objet , s'expient par
des amendes. *Quand nous liſons ,*
dit Monteſquieu , *les exemples de la
juſtice atroce des ſultans , nous ſentions
avec douleur les maux de la nature
humaine.* Cette réflexion eſt digne
de l'écrivain qui a nommé *monſ-*

trueuse une administration sous laquelle il est forcé de convenir que le dernier des sujets vit en sûreté. Et ces maux, ne devriez-vous pas les sentir bien plus vivement dans l'impunité accordée à un homme qui en a rendu mille malheureux ?

Les Romains n'admettoient point la peine de mort contre un citoyen. Qu'en résultoit-il ? Les plus affreux forfaits dont l'histoire ait jamais été souillée. L'exil étoit la seule peine d'un scélérat de *Préteur*, convaincu lui-même d'avoir fait périr plusieurs citoyens avec autant d'injustice que de cruauté. Qu'est-ce qu'une pareille mollesse, sinon un encouragement pour tous les Verrès à venir, & une proscription prononcée contre tout malheureux qui n'aura à opposer que la vaine réclamation de ses droits aux ordres d'un homme puissant, à qui les loix assurent l'impunité, quand il les aura violées?

Dans toute l'Europe, & en Angleterre plus qu'ailleurs, les châtiments sont infligés précisément en raison inverse de ce qu'exigeroit une politique éclairée. On y punit le pauvre par la tête, & le riche par la bourse. Le malheureux qui, n'ayant rien, cede à un moment de foiblesse, on le pend. L'homme opulent qui, au milieu de toutes les jouissances, en cherche dans le crime une plus raffinée, plus faite pour flatter des cœurs dépravés, on lui vend son absolution. N'est-ce pas là agir d'une maniere directement contraire au bon sens ?

Quel doit être le caractere d'une punition, pour qu'elle soit utile & raisonnable ? Il faut qu'elle soit sensible au coupable qui la subit. Ce n'est que par-là qu'il peut en résulter quelque avantage pour le public, par le frein que l'exemple impose à ses pareils, ou à ceux qui pourroient être tentés de le devenir. Mais quand vous n'ôtez au criminel qu'une portion de son superflu, ou une vie qui lui est à charge, vous détruisez vous-même toute l'utilité que vous auriez pu attendre de l'exemple.

Pour le rendre frappant, déplacez cette indulgence & cette sévérité également absurdes. Que le lord usurpateur expie à un gibet la violence qu'il a faite au citoyen obscur. Que celui qui regarde un peu d'argent comme la premiere des jouissances, soit soumis à une amende qui lui enlevera tout ce qu'il peut se flatter d'en acquérir. Que le journalier même, dont l'existence n'est qu'une douleur prolongée, se voie condamné à la conserver, dans des travaux qui la lui rendront encore plus odieuse.

Alors infailliblement vous opérerez une frayeur salutaire dans tous les états. Alors touchant dans tous

les cœurs la partie senfible, vous
affurerez le repos commun. L'opulence défabufée de fes funeftes privileges, fe piquera de donner à
l'indigence des modeles de régularité, dont celle-ci aura de même de
très-fortes raifons de ne pas s'éloigner. Tout gouvernement qui n'éta-
blira pas chez lui cette proportion
inverfe dans les peines, fera effentiellement & éternellement malheureux & barbare.

Ce n'eft pas encore tout : c'eft déjà
quelque chofe de bien étonnant &
de bien abfurde, que cette méprife
par laquelle la douceur & l'inflexi-
bilité deviennent également nuifibles,
qui prodigue la vie des hommes, fans
que le malheur des morts ferve à
corriger les vivants, & punit le crime
fans le faire redouter. Mais les légiflateurs Anglois l'ont portée bien plus
loin : après avoir égaré la main de
la juftice, ils fe font appliqués de

même à en dénaturer la marche.
Ils l'ont rendue lente ou rapide à
contre fens ; & comme ils lui ont
enseigné à méprifer la vie des hommes dans fes arrêts, ils ont auffi
voulu qu'elle n'en fît aucun cas dans
fes procédures.

Rien de fi prompt, de fi préci-
pité que celles qui tendent à des
peines capitales. Rien de fi concer-
té, de fi méthodique, que celles qui
ont pour objet des intérêts civils;
de forte que dans ce prétendu refuge
des franchifes humaines, dans cette
île où la raifon femble avoir établi
fon trône, il eft plus facile de faire
pendre un ufurpateur injufte, que
d'arracher de fes mains un arpent de
pré qu'il aura envahi.

Je n'ai jamais pu penfer fans fré-
mir à cette interverfion horrible des
droits de l'humanité, qui au refte
n'eft pas particuliere à l'Angleterre.
Mon cœur fe ferre, mes larmes

coulent, quand je fonge qu'un prévôt, qui ne peut pas ordonner par provifion la reftitution d'un écu, a le droit de livrer fans appel un citoyen à la potence, & que la loi qui a centuplé les reffources pour difputer des bagatelles, que le feul caprice fouvent rend précieufes, n'en a laiffé aucune à l'innocent que la prévention armée du pouvoir fouverain conduit & attache au gibet.

Les légiflateurs de l'Afie ne l'ont pas commis ce crime de lefe-humanité : ils ont ftatué que les affaires civiles fe traiteroient, & très-promptement, en définitif, parce que les pertes en ce genre font très fouvent légeres, & prefque toujours réparables : ils ont voulu que les affaires criminelles fuffent foumifes aux plus longues difcuffions : ils ont enlevé à tous les juges inférieurs la faculté d'y faire exécuter leurs fentences. C'eft au prince feul qu'elle eft ré-

ſervée : & l'on oſe dire ſans ceſſe
que ces dominateurs attentifs à ſoulager en tout les claſſes inférieures
de la ſociété , ſont les plus cruels
ennemis des hommes !

CHAPITRE VIII.

Paſſage d'un auteur moderne, où l'on retrouve preſque toutes les idées que l'on vient de lire.

Tout ce qui précede, paroîtra bien nouveau, bien extraordinaire : cependant, de même que je ne ſuis pas le premier qui ait oſé ſoutenir qu'en bonne politique, un ſouverain ferme, inflexible, cruel même, valoit mieux pour le peuple qu'un prince foible & livré à la molleſſe, qu'on traveſtit dans les cours ſous le nom de bonté ; je ne ne ſuis pas non plus le ſeul partiſan de l'opinion qui apprécie la liberté Angloiſe, & la met au rang des plus étonnantes chimeres dont l'eſprit humain ſe ſoit jamais bercé. Voici comme en parle un auteur contemporain dans un ouvrage fingulier, très-rare, très-peu connu, & plein de vues très-eftimables, que le hafard m'a fait connoître depuis très-peu de temps. (1)

" Les Anglois ont tant de fois changé la forme de leur gouvernement, qu'ils fe perfuadent être parvenus à la fin à ce point imperceptible, qui fait accorder la plus grande liberté avec le joug des loix & de la royauté. Voyons s'ils y font parvenus ; car ce feroit un modele à donner aux premiers peuples qui fe trouveroient fans maître.

---

(1) Voyez le livre jaune, imprimé en effet fur du papier de couleur jaune à Bafle, en 1748. On affure qu'il eft de M. Gros de Bofe, de l'académie Françoife, homme de lettres & philofophe eftimé. Rien ne m'a jamais plus flatté que la conformité que j'ai trouvée entre fes idées & les miennes. Ce n'eft ni à la nouveauté, ni à la fingularité que je prétends, c'eft à la juftefle.

„ L'eſtime générale que s'eſt ac-
quiſe votre nation, & qu'elle mérite à juſte titre par tant d'endroits,
eſt une raiſon de relever les petits
défauts qui font des taches à ſa répu-
tation : comme on eſt porté à la
croire ſur ſa parole, & que ſes ſen-
timents ſont contagieux, tel peuple
mécontent de ſon état préſent ,
pourroit être tenté de l'imiter, croyant
aller au mieux; en quoi certes il ſeroit
trompé.

„ Je vous ai dit ci-devant quelque
choſe de ce qui me paroît, dans
votre gouvernement, être oppoſé au
repos public ; ce que je vais ajouter
ne ſera qu'un petit ſupplément, mais
ſuffiſant pour vous prouver que votre
nation ſi éclairée ſur ſes vrais intérêts , ne laiſſe pas quelquefois de
prendre l'ombre pour la réalité.

„ Eſt-ce une vraie liberté que d'être
continuellement ſur le qui vive, & de
batailler ſans ceſſe contre les préro-

gatives du souverain , pour avoir
l'honneur de dire que l'on est libre ,
sans l'être en effet ? Car , tant que
l'on combat pour la possession d'un
bien , on ne peut pas dire qu'on le
possede. Tôt ou tard ce combat fi-
nira , & alors , ou le souverain sera
vainqueur, & la nation rentrera dans
ce que les Anglois appellent esclavage , c'est-à-dire l'obéissance ;
ou il succombera : & l'exemple du
passé nous apprend ce qui en doit
arriver.

„ De croire que la balance entre
ces deux puissances puisse prendre un
équilibre si juste & si fixe , qu'il ne
sortira jamais de ce point , on sent
bien que c'est une chimere qu'il est
inutile d'attendre. Il en est de cette
balance comme de celle de l'Europe : on ne cessera de combattre
pour l'obtenir , qu'après qu'il n'y en
aura plus à espérer. Un auteur qui
vous connoissoit bien , & qui a écrit
sur

fur le fyftême politique de la Grande-
Bretagne, parle de la liberté angloife
dans les termes fuivants :

" Comme on demande ce que c'eft
proprement que la liberté , & que
cette queftion embarraffe fort les
philofophes eux-mêmes, il n'eft pas
furprenant que les Anglois , malgré
leur efprit pénétrant & leur bon
fens , y faffent de grandes méprifes.
On doit avouer qu'ils n'ont eu que
trop de penchant à fe jeter dans les
extrêmes, & qu'un reffentiment trop
vif de l'efclavage les a portés à
s'imaginer que toute oppofition au
pouvoir eft liberté , dans la nature
même des chofes.

,, Ce fut ce qui les conduifit , il y
a cent ans , à changer l'ancienne
forme de leur gouvernement , & à
faire périr leur prince fur un écha-
faud , au mépris de toutes les loix
établies , fans faire réflexion que leur
liberté expiroit avec lui. L'expé-

rience les en convainquit bientôt. Ils s'apperçurent qu'il étoit bien plus facile de se défaire de tout supérieur que de maître, & qu'il y a plus de liberté réelle dans un état où il n'y a que quelques choses de permises, que dans celui où toutes choses le sont.

„ L'histoire nous fournit une infinité de preuves que les états qui combattent le plus fortement pour leur liberté, sont souvent les plus près de l'esclavage, & d'un esclavage d'autant plus rude & plus humiliant, qu'il a été plus disputé. Ces fiers Romains, après avoir combattu pendant plusieurs siecles pour une liberté qui alloit toujours croissant, sans qu'ils en fussent jamais contents, furent enfin asservis, & ne furent jamais plus bassement & plus servilement soumis que sous l'empire d'un de leurs plus mauvais maîtres, & les Anglois sous celui de Cromwel.

,, Vous avouerez que si ce tyran eût vécu âge d'homme, ou qu'il eût laissé un fils semblable à lui, nous verrions peut-être encore aujourd'hui ce peuple, si jaloux du nom de liberté, accablé sous le joug de ce protecteur impérieux. N'avons-nous pas vu les Hollandois, après avoir secoué le joug de la maison d'Autriche, & acquis leur liberté à force de guerres & de sang, tendre encore les bras à un nouveau maître, & lui prêter eux-mêmes la main pour immoler Barnevelt qui s'efforçoit de les en affranchir ?

,, Il est donc vrai que le chemin le plus sûr pour perdre sa liberté toute entiere, est d'en rechercher avec trop d'ardeur plus qu'il n'est à propos d'en avoir ; & s'en vanter à la face de ses maîtres comme vous faites, c'est les avertir de ce qu'ils ont à faire.

,, Voyons présentement en quoi

confifte cette liberté angloife fi re-
nommée. Chacun, dans votre pays,
dit, écrit ce qu'il veut, ce qu'il
penfe, fe fait une religion à fa guife,
corrige, augmente celles qui font
déjà faites, ou n'en a point, fi cela
lui convient mieux ; parle pour ou
contre le gouvernement, fuivant fon
intérêt, fa paffion ou fa fantaifie.
La Tamife donne le privilege d'infulter fans fcrupule l'honneur & la
majefté du fouverain. Quand je dis
qu'elle confifte à faire toutes ces
chofes, je ne prétends pas vous dire
qu'il y ait une loi de l'état qui les
permette, mais feulement qu'elles
reftent impunies. Or l'impunité eft
une permiffion tacite.

„ Voici encore un autre article de
vos libertés. Un Anglois dit : Le roi
n'a nul droit fur mes biens ; il n'eft
pas le maître, comme les rois le
font en d'autres pays, de m'impofer
des taxes pour fatisfaire fes fantaifies

ou son ambition : vive la liberté !
Mais pendant qu'il s'applaudit de
cette franchise, on lui donne avis
qu'il doit payer incessamment sa part
d'une taxe ; que ses fenêtres, ses
cheminées sont imposées par un bill
du parlement. Il s'en console. C'est
le parlement, dit-il, qui me taxe,
c'est la nation, & non pas le caprice
d'un seul.

Il sait pourtant, car qui est-ce qui
l'ignore ? que ce parlement n'est com-
posé, pour la plus grande partie, que
de membres pensionnés ou vendus
aux volontés du ministere. La grande
affaire, le chef-d'œuvre d'un ministre, lorsqu'il est question d'un
nouveau parlement, est de le composer de membres dévoués à la cour.
Un membre de la chambre des pairs
ou de celle des communes, qui a reçu
des graces de la cour, celui qui en
attend, celui qui y est attaché par
ses emplois, celui qui en reçoit

non plus qu'aujourd'hui, tout ce que le parlement faifoit fût conforme au fentiment univerfel de la nation.

,, Il arrive quelquefois que le parlement fait des actes contraires à l'opinion univerfelle du peuple. La décifion du parlement n'eft pas toujours une preuve affez forte de l'approbation de toute la nation angloife ,,. Mais c'en eft une que cette nation n'eft pas fi libre qu'elle le publie ; & que ce que l'on fait ailleurs de pure & pleine volonté, on le fait en Angleterre par des voies obliques & détournées.

,, Si la bourfe, qui eft ordinairement la partie la plus fenfible du peuple, & fur-tout d'un peuple commerçant, eft à la merci de l'induftrie, & des intrigues de ceux qui ont intérêt de l'opprefler, comment peut-on dire qu'en Angleterre chacun eft le maître de fa fortune ?

,, Je finirai par un trait bien fin-

gulier, qui vous fera connoître encore mieux, que la liberté n'est fouvent chez vous qu'un jeu de mots.
En Espagne & en France, tous les
hommes qui vivent de la navigation
ou de la pêche, sont enrôlés & en-
registrés dans certaines classes ; de
façon que lorsque le roi en a besoin,
il les trouve d'abord, & en prend le
nombre qui lui est nécessaire. Cet
usage n'est point en Angleterre.

,, En l'année 1739, le chevalier
Wager proposa au parlement de
suivre sur cet article les maximes de
France & d'Espagne ; mais le chevalier Bernard s'y opposa, disant que
les maximes de France sentoient
l'esclavage ; & son opposition fut
admise. Comment donc fait on en
Angleterre pour avoir des matelots?
Vous le savez, des gens à ce desti-
nés se répandent dans les rues de
Londres, entrent dans les cabarets
& par-tout ailleurs où ils croient

I v

trouver des hommes de mer : on les prend par les épaules, on les pouffe, on les conduit, bongré, malgré fur un vaiffeau de guerre, & s'ils font trop de réfiftance, des coups de bâton achèventde les déterminer.

,, C'eft là ce qu'on appelle en Angleterre *preffer*. N'eft-ce pas fe jouer des termes, & avoir recours à une logomachie puérile, de dire que les livres des claffes dans lefquels on enregiftre tous les hommes de mer, fentent l'efclavage, & de prétendre qu'enrôler les gens à coups de bâton, a quelque chofe qui convient mieux à l'homme libre ? ,,

CHAPITRE IX.

Si la population de l'Angleterre prouve que le commun des hommes y soit heureux. Si cette population est supérieure à celle de l'Asie. S'il est vrai que celle-ci soit diminuée.

MAIS, m'a-t-on dit, c'est par l'augmentation de la race humaine sur un canton, que l'on peut juger de la félicité dont elle y jouit. *Y a-t-il, proportionnellement à l'étendue du terrein, plus de monde en Turquie qu'en Angleterre ? Qu'on réponde, & le procès sera terminé.* Voilà, mot pour mot, ce qu'un de mes critiques m'a objecté avec beaucoup de hauteur.

Je lui répondrai modestement que cette maniere d'évaluer la bonté d'une conſtitution politique , eſt très-fautive.

Certainement le Paraguay , ſous les Jéſuites , étoit de tous les pays du monde , celui où les hommes vivoient & ont jamais vécu plus heureux (1). Cependant c'étoit auſſi le moins peuplé. Le climat s'y oppoſoit au bien que faiſoient les loix. La vie la plus douce , le travail le plus modéré , l'abondance la plus tranquille , les jouiſſances les plus étendues dans tous les genres qui ne ſuppoſent point la corruption , ne pouvoient remédier aux fâcheuſes influences de l'air.

La Chine eſt exceſſivement peuplée , & il n'y a pas de nation où la claſſe inférieure de la ſociété ſoit plus malheureuſe. Elle eſt ſoumiſe à un joug de fer. Le pouvoir paternel , dit on , en eſt l'emblême , mais le

____

(1) Voy. l'hiſtoire impartiale des Jéſuites, tome 2.

bâton en est le mobile. La vie de nos plus misérables paysans seroit une vie de délices pour les trois quarts des Chinois. Un travail excessif & une subsistance aussi insuffisante qu'incertaine, voilà leur destinée. La famine est fréquente dans ce vaste empire, & il n'y en a point qui ne coûte la vie à plusieurs centaines de milliers d'hommes : & combien de millions qui ne leur survivent qu'à force de souffrir !

L'Inde, à l'exception de Siam & du Pégu, est excessivement peuplée. L'Angleterre est inhabitée en comparaison. Londres n'est qu'un bourg auprès de Dehly, de Lahor, d'Agra ; & les campagnes qui l'entourent, paroîtroient des déserts à quiconque y seroit tout d'un coup transporté des bords du Gange. Si la regle de M. D...... étoit juste, il en résulteroit donc que l'Inde est infiniment mieux gouvernée que l'Angleterre.

Cette conséquence seroit dure à re-
connoître ; car enfin, dès lors les
principes de la *Théorie des Loix* se
trouveroient confacrés.

Sans aller chercher fi loin nos
exemples, nous en trouverons en
France qui donneroient également
la réfutation de cet adage. La bi-
zarrerie de notre conftitution offre
chez nous des provinces d'état &
des provinces d'élection. Les premieres paffent pour être les plus
heureufes, & je crois que cette idée
n'eft pas mal fondée. Cependant
rapprochez la Bretagne qui eft gouvernée par une affemblée nationale,
& la Normandie qui n'a point ce
favorable privilege, vous verrez que
la population de celle-ci eft fupérieure à celle de l'autre de plus de
moitié.

Gardez-vous donc bien d'argumen-
ter du nombre d'hommes qui rem-
pliffent un pays, pour mefurer le

bonheur dont ils jouiffent. Il en eft
de l'efpece humaine précifément
comme de celles des lievres, des
lapins, des faifans, & de tous les
gibiers deftinés à fervir de pâture
au luxe. Il y a des cantons privi-
légiés, où ils aiment à s'accumuler,
& dont le maffacre même de leurs
pareils ne les écarte point. Il y a
au contraire des fituations malheu-
reufes, où les foins les plus fuivis,
les attentions les plus affidues ne
peuvent les naturalifer : malgré tous
les raifonnements lumineux des philofophes, il eft peut-être fort dou-
teux qu'il y ait des fecrets en politique pour augmenter la population,
ou même pour la reftreindre. Il eft
très-fûr que l'Afrique n'a jamais été
plus peuplée qu'elle ne l'eft, & il ne
l'eft pas que l'Afie l'ait jamais été
davantage.

Qu'il me foit permis de placer ici
une obfervation très-naturelle, &

cependant très - neuve fur cet article. Elle n'eft point étrangere à
mon fujet. Elle démontre combien
il faut peu faire de fond fur les
fpéculations philofophiques.

S'il y en a jamais eu quelques-
unes qui aient paru inconteftable-
ment fondées, ce font celles qui ont
pour objet la dévaftation de l'Afie.
Les ruines dont cette partie du monde
eft couverte, en font, dit-on, la
preuve; & les récits de nos voyageurs
augmentent les regrets que nous
pouffons fur le temps où ces reliques
étoient entieres.

Sans révoquer en doute la fidélité
ou l'intelligence des faifeurs de def-
criptions; fans faire obferver combien on eft difpofé à trouver beau
un monument dont on a acheté la
vue par de grandes fatigues, & plus
encore à tâcher de le faire trouver
beau par ceux à qui l'on en rend
compte, afin de ne point paroître

avoir perdu fes peines, fans m'arrêter à une multitude de réflexions
qui m'ont frappé cent fois en voya-
geant, quand j'ai vu que prefque
tous les objets vantés par mes prédéceffeurs ne méritoient guere le
déplacement d'un homme fenfé : je
me borne à une feule idée.

Ces ruines qui nous femblent dé-
montrer, en Afie, une profpérité
qu'elle a perdue, & une population
qui s'eft évanouie, s'accumulent depuis plus de deux mille ans. C'eft
la nature des matériaux qui les compofent, c'eft la folidité du marbre,
dont les anciens architeĉtes faifoient
un fi grand ufage, qui nous ont con-
fervé tant de fquelettes de villes,
tant de momies d'édifices que nous
admirons fur le papier. Ils feroient
détruits, il y a long-temps, s'ils
avoient été conftruits avec nos pierres
& liés avec notre ciment. Les fables
de la Lybie ont la propriété de

conferver les cadavres qu'on leur
confie ; on en retrouve à chaque pas
en les traverfant. Comment n'en a-
t-on pas conclu que ces déferts
avoient autrefois été remplis d'habi-
tations nombreufes, & couverts des
plus riches moiffons ?

C'eft pourtant précifément la
même méprife que l'on a faite au
fujet des conftructions de l'Afie &
de l'Afrique. Si les matériaux avec
lefquels nous bâtiffons , avoient la
même dureté , notre Europe feroit
encore plus couverte de débris, de
décombres de toute efpace : nos
guerres nationales , nos guerres civiles, notre inconftance ont fucceffi-
vement rempli de ruines toutes nos
provinces. Nous n'avons pas une
ville, un village, un château, qui
n'ait éprouvé des variations confidé-
rables dans l'affiette de fon empla-
cement, dans l'étendue de fon enceinte.

Si tous ces monuments de nos cruautés ou de nos caprices étoient conservés par un climat aride, & par une température conftante ; fi la pluie, la gelée, le vent ne réluifoient en pouffiere ces preuves nultipliées de notre légéreté ou de nos malheurs, quel fpectacle offriroient aujourd'hui nos plus beaux royaumes! Quelle moiffon aux yeux les antiquaires ! Quelle brillante peinture de défaftres anciens, & de révolutions fuppofées ! Mais parce que nos ouvrages paffent comme nous, nous nous croyons des individus très-favorifés par la nature ; & parce que ceux des Afiatiques leur furvivent, nous les plaignons comme des êtres profcrits, que le defpotifme écrafe, & qu'une affreufe tyrannie difperfe.

Il fe pourroit donc très bien que l'Afie n'eût éprouvé, depuis bien des fiecles , qu'un changement léger ; même dans fa population. Les côtes , fous les Romains , étoient très-peu-plées , elles le font encore. L'inté-rieur du pays l'étoit beaucoup moins , il fe trouve encore aujourd'hui dans le même état.

Beaucoup de grandes villes qui exiftoient alors ont cédé à la deftinée qui tue les hommes & leurs produc-tions. Elles font détruites , mais beaucoup d'autres qui n'exiftoient point font nées depuis. Des obferva-teurs attentifs & impartiaux trou-voient peut-être une balance à peu-près égale en comparant un fiecle ancien à un moderne : mais quand cela ne feroit pas , quand ce qu'on dit des modernes déferts de l'Afie feroit fondé , il ne faudroit pas en conclure , comme je l'ai dit , que c'eft le gouvernement qui eft def-tructeur : mille autres caufes auroient pu y concourir. Depuis Élisabeth on assure que celui de la Grande Bretagne n'a fait que se perfectionner: De combien la population y est-elle accrue?

CHAPITRE X.

De la culture en Angl terre. Si l'on peut croire qu'elle y soit aussi floris-sante qu'on le prétend. Exemples des absurdités que l'on s'est permises dans les récits hasardés sur cette isle merveilleuse.

Si la multitude des habitants n'est pas toujours un signe infaillible de la félicité d'un pays, le succès de la culture n'annonce pas toujours le bonheur du Colon. Les Polonois, les Barbaresques déchiroient & déchirent encore avec la charrue des campagnes fertiles. Nous ne connoissons pas de pays où la terre paie avec plus de prodigalité les fatigues du laboureur. Cependant dans l'un & dans l'autre, c'est l'esclavage le plus dur qui préfide aux travaux agreftes, & le cultivateurs y eft plus efclave encore que les compagnons qu'il tire des étables pour fe les aſſocier.

Mais fans faire ufage de cette obſervation qui pourroit faire tomber tout ce que l'on diroit à ce fujet en faveur de la culture Britannique, je me borne à protefter, duſſai je faire redoubler les cris, que je ne fuis pas convaincu à beaucoup près de fa fupériorité. Il s'en faut bien que je regarde les Angloïs comme des modeles même dans ce genre pernicieux où, à en croire leurs panégyriftes, ils ont fi bien réuſſi.

Quand je n'aurois d'autre preuve de fa décadence chez eux que la multitude des livres dont on les inonde fur cette matiere, c'en feroit aſſez pour moi. Quand Columelle & Varron donnoient leurs traités fur l'art de multiplier les moiſſons, l'Italie ne produiſoit plus que des fleurs

& des platanes. Quand ils enfei-
gnoient à s'enrichir par le rapport
des terres, elle étoit ruinée par le
luxe. Quand ils vantoient la félicité
des laboureurs libres, les campagnes
n'étoient plus peuplées que d'efclaves
efféminés.

L'idée de ménager l'agriculture
ne fe développe prefque jamais que
dans les fiecles malheureux. C'eft
alors que les édits font remplis de
belles phrafes fur le refpect dû aux
laboureurs que l'on dévore tout vifs.
Voyez fous *Valentinien III.* l'édit
donné au nom de cet empereur, où
on déclare que *tout ce que perd le
laboureur eft perdu pour le prince*;
que *la profperité du prince dépend de
celle du laboureur.* C'eft à l'époque
la plus funefte du gouvernement &
de l'abus du pouvoir que l'on débi-
toit de fi belles maximes.

Une regle générale & infaillible,
c'eft que tout art dont on rédige les
principes,

principes , dégénere , comme en
politique toute loi écrite avec appareil cesse d'être fondamentale. Les
Grecs n'ont point eu de poëtes célebres, depuis qu'Aristote eut donné
sa poétique. Horace & Boileau, législateurs, à son exemple, en ce
genre, chacun dans leur idiôme, en
auroient dû faciliter les progrès, &
cependant la décadence en devint,
de cette époque, bien plus sensible
que la perfection.

Quand le Brun, le Sueur, le
Pujet, disputoient à l'Italie la gloire
de maîtriser mieux la nature sur la
toile, ou de mieux peindre sur le
marbre, il n'y avoit encore eu aucun
traité dogmatique sur le dessin ou la
sculpture. De Marcy, du Fresnoy,
MM. Vatelet & le Mierre n'avoient
point chanté ces arts, & nous sa-
vons, nous autres témoins oculaires,
si nos fonds en sont mieux cultivés,
depuis que les boutiques des libraires

font devenues des champs où fe pro-
vignent d'un jour à l'autre des re-
cueils de préceptes agronomiques.

Je foupçonne très-fort les Anglois
de n'avoir pas échappé à la loi générale, & d'être d'autant plus près de
la ruine entiere de leur agriculture,
qu'ils ont plus de livres où l'on enfeigne des fecrets pour la reffufciter.
Cette conjecture eft confirmée par
bien des obfervations.

Un philofophe qui a porté dans ce
pays, non pas les préjugés philofophiques, mais les yeux integres d'un
bon obfervateur, affure que de Dou-
vres à Londres, & de Londres à
Portfmouth, le chemin eft tout en-
vironné de friches (1). Ces chemins
les plus fréquentés du royaume, ne
font pas fans doute les feuls qui
foient ainfi déshonorés par le voifi-

____

(1) Voy. *Londres*, tom. 3.

nage des déserts. Il est tout naturel que dans un pays où le commerce maritime fleurit, la terre soit dédaignée : il faut beaucoup d'années pour enrichir un cultivateur, il ne faut qu'un événement heureux pour faire la fortune d'un négociant.

La vie du premier est dure par essence : ses fatigues sont sans interruption ; il faut qu'il donne par tout l'exemple du travail, de la sobriété, du mépris des injures de l'air, &c. Le négociant, au contraire, voit augmenter ses trésors, sans être obligé de quitter ni son repos, ni ses plaisirs : il doit donc y avoir plus de négociants, que de cultivateurs parmi les gens aisés.

Le matelot souffre dans un long voyage. Mais cet état pénible est accompagné d'une certaine fainéantise qui convient à la paresse naturelle de l'homme. D'ailleurs, il a des moments qui lui font oublier ses travaux. A peine eſt il à terre , qu'il touche ſa paie, & qu'il la mange avec du vin & des filles : le valet de char-rue , le bouvier, le berger n'ont point de ces variétés agréables , de ces ſe-couſſes de débauches qui font pour ces hommes groſſiers le charme de la vie : le payſan doit donc aimer mieux ſe faire matelot, que d'être valet de charrue , bouvier , ou berger.

Qu'on examine bièn les choſes , & l'on verra que dans la Grande-Breta-gne , tout doit jeter la jeuneſſe, c'eſt-à-dire la nation , du côté de la mer , & par conſéquent l'éloigner des ſoins champêtres : diſpoſition qui n'eſt pas propre, ſans doute, à faire fleurir l'agriculture.

On m'objectera ſans doute , qu'on ne répond pas aux faits, & que tous ceux qui ont été en Angleterre , y ont vu les campagnes bien cultivées ; que tous ceux qui ont parlé de l'An-gleterre , ont atteſté que l'agriculture y floriſſoit : à la bonne heure. Qu’en réſulte-t-il? Que ce qu’ils ont dit eſt vrai? Point du tout. J’en conclurois peut-être tout le contraire. Pour juſtifier mon incrédulité, qui eſt raiſonnée, je vais citer un exemple de la crédulité très - peu raiſonnante de ces Meſſieurs. Il ſuffiroit ſeul pour décréditer tous leurs beaux récits, & leurs pathétiques deſcriptions.

M. Garrik n’eſt point un être imaginaire, ni un comédien de l’autre ſiecle. Il exiſte encore à Londres, on l’a vu à Paris : c’eſt un homme de nos jours. Cet homme diſtingué par ſes talents, n’a pourtant pas le ſecret de faire des prodiges ; il n’a, dans ſon jeu, d’autres reſſources que celles que peut fournir une nature heureuſe, perfectionnée par l’art : voyez cependant les portraits que l’on fait de lui dans cent brochures. Vous y lirez qu’il imite ſi bien les caracteres qu’il veut repréſenter, que ſon extérieur parle plus encore que fa bouche ; qu’il rougit, qu’il pâlit, quand il le faut, & bien d’autres abfurdités, d’autant plus révoltantes que M. Garrik, quoique Anglois, eft petit, pâle, & qu’i mettoit beaucoup de rouge, pour n’être point éclipfé par les lumieres de fon théatre. Mais voici qui eft bien plus merveilleux.

Une dame voulut avoir le portrait de fon amant, & l’amant ne vouloit pas fe laiffer peindre. Elle alla trouver l’acteur, & le pria de fe métamorphofer en lord.... Rien ne lui fut fi facile. *Il examina*, dit un des conteurs, *le tic de celui qu’il étoit queftion d’imiter*. Son étude faite, il le copia fi bien, qu’un peintre, en peignant ce lord factice, fit le portrait reffemblant du véritable.

Voilà ce que je me fouviens d’avoir lu, il y a déjà plufieurs années, dans une brochure ; & cet endroit fut précifément celui que choifit un jour nal eſt qui en rendoit compte, pour le citer avec admiration. Les inventeurs de cette anecdote ont oublié de dire, qu'afin qu'on ne pût pas chicaner le peintre ſur la conformité des traits, il repréſenta apparemment ſon homme le dos tourné. Voilà comme les panégyriſtes de l'Angleterre l'ont vue, & un échantillon de la confiance que méritent leurs récits.

Au reſte, quand rien de tout ce qui précede ne ſeroit vrai, il s'en faudroit bien que cet article ſeul aſſurât la ſupériorité au gouvernement Anglois. La terre la mieux ou la plus heureuſement cultivée, eſt celle qui fournit le plus ſûrement à la nourriture de ſes habitants. Or l'Angleterre eſt couverte de mendiants. Il n'y en a aucun en Aſie. La religion y engage quelques hommes à vouloir bien tenir leur ſubſiſtance de la libéralité d'autrui,

K iv

mais la mifere n'en réduit aucun à ce métier aviliffant. La culture eft donc plus fruétueufe en Afie qu'en Angleterre.

CHAPITRE XI.

De l'état du peuple en Angleterre ; des Mendiants ; des Hôpitaux qui y font communs, & qui prouvent que le nombre des gens qui fouffrent y eft très-grand.

MAIS , m'a dit un journalifte économifte , qui aime apparemment le bœuf rôti & les pâtes aux raifins , le peuple en Angleterre y eft mieux logé , mieux vêtu , mieux nourri qu'en Afie. *Les dernieres claffes de la fociété mangent abondamment dans cette Ifle du* Roft-beef *& des* Puddings; d'où il conclut noblement *que le métier d'homme vaut mieux en Angleterre qu'en Turquie* , & par conféquent que le gouvernement y eft meilleur.

C'eft très-puiffamment raifonner.

K v

La bonté d'une adminiſtration tient, ſans contredit, à un aloyau de plus ou de moins. Une nation· eſt ſupérieurement bien gouvernée dès qu'un valet a pu s'y remplir dans un cabaret d'une farce un peu graſſe. Cela eſt clair & de toute évidence économique.

Sans doute, encore une fois, que l'auteur des Ephémérides aimoit les tranches de bœuf rôties, les puddings un peu onctueux & la bierre fumeuſe. Si c'eſt en cela qu'il fait conſiſter le bonheur, il ne trouvera en Aſie, que des êtres bien à plaindre. Mais il y a des gens qui aimeroient autant un bon pileau fait avec du mouton bien cuit, & de bonnes poules bien mitonnées, qu'un roſt·beef tout ſaignant & tout dégoûtant d'une graiſſe figée. Il y en a qui ſeroient plus flattés d'un ſorbet parfumé, que d'un extrait d'orge fermentée & de houblon aigri. Ces gens-là pourroient

préférer le régime oriental à la cuisine
angloife. Or ce forbet , ce pilau , il
y a bien peu de Turcs qui ne s'en
raffafient tous les jours.

Rien n'eft donc moins exact que
le principe du critique , ni moins déci-
fif. Il paroîtra bien plus frivole quand
on daignera l'approfondir. Le cen-
feur & fes partifans , n'ont vu que
Londres en Angleterre & le chemin
qui y conduit. Cette ville où le commerce foudoie tous les bras , préfente
en effet le fpectacle d'une très grande
activité , payée par une véritable opulence. Il eft fûr que les travaux y font
lucratifs , & l'homme de journée communément plus aifé qu'ailleurs.

Mais eft-ce à l'Angleterre , à la
conftitution du pays qu'il doit cet
avantage ? Non fans doute , c'eft aux
étrangers dont le trafic le rend le
facteur , le gagifte. Il tranfporte les
fucres qui iront s'échanger à Bordeaux,
contre les productions de la Guienne.

il roule les barils qui renferment le vin lourd & couvert de Porto. Il embarque les étoffes qui vont abforber l'or du Brefil : mais que la concurrence de l'induftrie s'établiffe chez les autres peuples ; que les colonies fe décident enfin à cette féparation inévitable, que tant de fymptomes annoncent, & qu'elles veuillent devenir elles-mêmes les organes immédiats d'un commerce dont elles font la fource ; que la guerre ou une révolution plus douce & auffi naturelle intercepte ces tributs que la foibleffe ou la négligence paient à la capitale de la Grande Bretagne, & l'on verra le peuple de Londres mourir de faim au bord de la Tamife, fans avoir changé de loix & de coutumes Ce ne font donc pas elles qui affurent l'abondance où il vit.

Mais d'ailleurs cette abondance même, concentrée fur la rive du fleuve qui fait l'orgueil de Londres,

exclut-elle la mifere du refte du
Royaume? Eft-il bien vrai que dans les
marais, dans les montagnes, dans les
fables de l'intérieur de l'Ifle, le peuple foit plus heureux qu'en Afie ? A
une certaine diftance de la mer, l'influence du commerce s'évanouit ;
l'Anglois y eft rendu à toute fa nul-
lité. C'eft là qu'avec cette prétendue
liberté dont on fait tant de bruit, il
eft écrafé d'impôts impérieufement
exigés, accablé de fatigues peu fruc-
tueufes, & qu'il maudit à chaque inftant la terre fatale fur laquelle il eft
enchaîné.

Au refte jugeons, j'y confens encore, de tout le royaume par l'état
de la capitale & de fes environs Je
ne fais pas fi un Boftangi à Conftantinople eft mieux vêtu & mieux logé
qu'un jardinier à Londres J'ai en-
tendu dire que chez l'un & l'autre
peuple les particuliers avoient la fageffe de dédaigner le luxe fur ces

deux points qui font chez d'autres la plus importante portion de la dé-penfe. Les Anglois , comme les Mufulmans , ne font pas affez fous pour s'expofer à être ruinés par un incendie , & pour mettre toute leur fortune en un mobilier inutile : en cela je les loue ; mais j'obferve , comme je l'ai déjà dit , que l'Afie n'a point de pauvres , & que l'Angleterre, à commencer par Londres , en eft couverte.

A chaque parlement on agite avec violence des projets pour fubvenir à la fubfiftance des mendiants , ou pour fe débarraffer de ce réfidu de population que l'opulence appelle humainement , dans plus d'un de nos meilleurs livres , une vermine. J'obferve que la Grande Bretagne regorge de voleurs , & que les états du Grand-Seigneur font exempts de ce fléau. Les Arabes qui troublent la sûreté des routes , font plutôt des ennemis qui font la guerre, que des brigands qui détrouffent les voyageurs. J'obferve que l'ifle fubjuguée autrefois par les Pictes, eft aujourd'hui remplie d'hôpitaux, & que les Ottomans, non-feulement ne connoiffent pas cette affreufe reffource de l'indigence, mais même n'en ont pas befoin.

Ces trois différences effentielles annoncent dans l'un de ces empires la fécurité dont jouit le dernier ordre des fujets, & dans l'autre un fond de mifere affreux dans l'une des claffes fociales, avec une politique toute propre à l'éternifer.

Et ces hôpitaux même, déplorable fymptome des progrès dévorants du luxe, trifte & dernier afyle des victimes qu'il facrifie à fes goûts, à fes caprices, à fes fureurs, font-ils du moins à Londres le féjour de la charité compâtiffante qui femble les avoir fondés? Il s'en faut bien. Ces établiffements fe trouvent décrits dans une multitude de livres, avec une emphase qui n'en laisse appercevoir que le brillant. Mais approfondissez un peu ces détails séducteurs ; pénétrez au-dessous de ce vernis imposant qui cache les défauts du bois sur lequel il est appliqué, vous ne trouverez par-tout que vermoulure & corruption.

Un auteur, estimé des Anglois, leur disoit en 1732 : *les sommes d'argent qui se levent en Angleterre pour les pauvres, sont incroyables, & cependant les rues sont remplies de mendiants, & cela parce que la moitié de ces sommes n'est pas employée à sa destination*. Il cite en exemple ce célebre hôpital de Greenvik, présenté par tant d'écrivains comme le plus beau monument de la grandeur & de la générosité humaine. *Il est fondé*, dit-il, *uniquement pour les pauvres matelots qui ont servi l'état. Plus de la moitié de ceux qui y sont aujourd'hui n'ont d'autres titres, pour y être, que*

la protection & la recommandation, &
n'ont jamais servi sur mer.

Les Turcs ne connoissent ni ces abus, ni les établissements qui les occasionnent ; mais dans le cas où, renonçant à leur bonheur & à leur sagesse, ils adopteroient de pareilles fondations, ils sauroient du moins en contenir les administrateurs. La punition sévere d'un seul deviendroit le gage de l'incorruptibilité de tous les autres ; au lieu qu'en Angleterre, comme dans le reste de l'Europe, ces officiers étant ce qu'on appelle des gens comme il faut, & par conséquent sûrs de l'impunité, emploient sans scrupule le pouvoir qui leur est confié pour soulager le misérable, à l'écarter des ressources qui lui sont préparées. Ils croient encore mériter des éloges s'ils s'en tiennent à en pervertir l'emploi, & s'ils n'en favorisent pas la dissipation ; si dans un pays où il suffit d'être riche pour n'avoir point à craindre de châtiment ; où l'on n'eſt recherché ſur l'acquiſi- tion d'un tréſor que quand on n'a pas réuſſi à ſe l'approprier, ils dédaignent de s'appliquer , comme ailleurs , les revenus des pauvres , & de fonder la ſplendeur de leurs familles ſur les dé- pouilles de l'indigence.

CHAPITRE XII.

Du patriotisme. Du Suicide. Que l'un est moins véhément en Angleterre qu'en Asie ; & que l'autre, qui y est commun, annonce la dureté, la corruption du gouvernement.

QUE dirons-nous du patriotisme, ce grand & noble ressort des gouvernements éclairés ? C'est en quelque sorte la pierre de touche des administrations politiques. Celles qui l'inspirent sont bonnes. Celles qui le détruisent sont mauvaises : & qu'est-ce que le patriotisme ? C'est l'amour du pays où l'on est né, & des loix qui y sont établies : c'est la disposition à se sacrifier pour leur maintien : c'est la répugnance à changer de gouvernement. Or, sur tous ces points, oferiez vous comparer les habitants de Londres aux citoyens de Conftantinople ?

Qui ne fait que les premiers, amollis par le luxe , comme les Carthaginois , ont auffi adopté la même politique. Ils ne regardent leurs foldats & leurs armateurs que comme des mercenaires , avec lefquels on eft quitte dès qu'on leur a payé leur prêt. Il n'y en a pas un qui voulût courir le moindre rifque pour la défenfe de fon pays. Ils mettent au rang de leurs plus précieux privileges celui de ne contribuer que le moins qu'il eft poffible à cette défenfe.

D'ailleurs , qui ne connoît leur goût pour les révolutions , leur peu d'attachement pour le trône , & pour la perfonne & la famille de leurs princes ? Qui n'eft pas inftruit de leur facilité à abandonner la terre , fur laquelle ils font nés , par le feul caprice de ne pas toujours refpirer le même air, & à se transporter dans des climats lointains, uniquement pour voir des choses nouvelles ?

Ils ont, comme nous, peuplé l'Asie d'une nation nombreuse de renégats. Ayant abjuré son Dieu & sa patrie, elle sert dans l'humiliation des maîtres qui la dédaignent : elle porte sur son corps un signe ineffaçable, qui, en attestant sa trahison, éternise son opprobre. Montrez-moi un renégat Turc, citez-moi un musulman qui ait abandonné son culte, sa foi, sa famille, ses loix, ses foyers, pour adopter une religion étrangere ; produisez en un qui vît avec indifférence la chûte de l'Islamisme, & l'extinction de la race des sultans, qui ne fût prêt à sacrifier sa personne, sa fortune & sa vie pour les préserver l'un & l'autre. Si ce n'est pas là du patriotisme, à quels mouvements du cœur humain faut-il donc donner ce nom ?

Et le fuicide, cette cruelle manie fi uſitée au-delà de la Manche, n'eſt-elle pas encore un caractere convain-quant du peu d'affection qu'en ont les peuples pour l'iſle qui les a produits, du mécontentement qu'ils nourriſſent contre l'adminiſtration qui les oppri-me? Un homme ne ſe tue que parce qu'il regarde le gouvernement comme ſon ennemi, & qu'il ne connoît pas d'autre voie pour ſe ſouſtraire à la tyrannie.

Qu'on y prenne garde : ce ne ſont pas les malheurs privés qui motivent ce fatal emportement. A toutes les époques de la ſociété, il y a eu des infortunés. Pourquoi ne les a-t on pas vus toùjours ſe ſervir du même re-mede, & appeller le poignard ou le poiſon à leur ſecours? C'eſt que ce dernier excès du déſeſpoir ne ſe fait ſentir que quand l'eſprit violemment frappé des calamités publiques, n'en-trevoit, dans ſon déſaſtre particulier, aucune espece de ressource de la part de l’état.

Le suicide a été ignoré dans Rome, tant que les factions ne l’ont point troublée. Dès qu’il se glisse dans un empire, on peut assurer que quelque cause secrette a relâché tous les liens entre l’administration & le peuple ; que l’une est devenue odieuse à l’autre, que par conséquent le patriotisme est détruit, & l’état à la veille de sa ruine : or on n’a jamais vu de Turc ni de Persan se tuer, & les Anglois se tuent tous les jours.

CHAPITRE XIII.

De la philosophie ; des mœurs chez les Anglois. Combien l'une est incon-séquente, & les autres dures & dissolues.

ME citera-t-on la philosophie des Anglois, leurs sciences, leurs études? Je pourrois répondre encore que les lumieres de ce genre influent très-peu sur ce qu'on appelle le bonheur d'une nation, c'est-à-dire sur son repos, ou plutôt qu'elles en précedent & amenent presque toujours la destruction. Je pourrois faire voir que, sur les objets essentiels, les connoissances des Orientaux ne sont pas si méprisables, & que s'ils ne calculent pas, comme les géometres Anglois, la marche des planetes, ils ont su,

mieux

mieux que les politiques de cette isle, assurer la tranquillité des hommes. Mais au lieu d'examiner ce que les Orientaux ne font pas, je demande ce que font les Anglois ?

Une des propriétés qu'on leur accorde plus communément, c'est la force de l'esprit, c'est d'être des têtes vigoureuses & pensantes, c'est d'être supérieurs à la superstition, aux préjugés, à toutes les petitesses qui dégradent ailleurs notre pauvre espece. Mais tout cela est-il bien vrai ? Cette élévation de génie, cette supériorité de raison est-elle bien réellement leur apanage distinctif ?

Leur conduite dans l'établissement de la réforme prouve tout le contraire. Je ne parle pas seulement de la bassesse, qui faisoit dépendre leur croyance des caprices de leurs maîtres, & qui leur fit adopter autant de religions qu'un tyran cruel eut de fantaisies. Mais qu'est-ce que c'étoit que la réformation même dans son essence, indépendamment des particularités ridicules ou affreuses qui en ont souillé le berceau?

Attaquer le catholicisme & conserver le christianisme, étoit la plus inconséquente extravagance. Rien de si déraisonnable que d'admettre trois sacrements dans le temps où l'on en réprouvoit quatre. Tous sont fondés sur la même autorité, sur celle de l'église, qui en voit l'établissement dans l'évangile ou dans là tradition. Dire à l'église : " Vous avez eu tort „ d'en découvrir sept, il n'en falloit „ trouver que trois „ , , est une absurdité ; puisque ces trois même nous ne les voyons que parce que l'église nous les montre, & nous assure qu'ils y sont. Il falloit donc, ou voir tout ce qu'elle voit, ou ne rien voir du tout ; il falloit , ou secouer le joug sans exception, ou continuer à le porter tout entier.

On vante la tolérance du gouvernement Anglois ; mais outre que la
profcription foutenue contre le pa-
pifme la dément, cette indulgence
qui femble accueillir toutes les fectes,
eft le fruit du befoin bien plus que de
l'inclination. Naturellement les Anglois font intolérans & impérieux,
naturellement ils veulent dominer fur
les efprits avec autant de defpotifme
que fur les corps.

Je remarque que, chez nous, les
auteurs de nos guerres civiles, & en
général de nos révolutions, étoient
étrangers. Les ducs de Guife, le car-
dinal Mazarin, Law, n'étoient pas
nés en France ; mais Cromwel, mais
les chefs des puritains, des indépendants, de toutes les fectes qui ont
ébranlé & enfanglanté la Grande-Bretagne, avoient vu le jour fur cette
terre qu'ils déchiroient. C'eft donc
au caractere national qu'on peut im-
puter les défordres qu'ils ont pro-

duits ; & ce caractere étoit intolé-
rant , cruel , inflexible , si l'on en
juge par leurs démarches.

Il n'y a point de royaume où les
bûchers aient été aussi souvent allu-
més, & les échafauds aussi multipliés
pour cause de religion. On nous répete qu'ils ont porté dans le nouveau
monde leur bienfaisance & leur morale pacifique. Lisez donc, dans le
quatorzieme volume de l'*Histoire des
voyages*, le récit de l'histoire atroce
des sorciers de la nouvelle Angleterre. Vous y verrez vingt-huit inno-
cents condamnés au supplice , comme
coupables de magie, avec toutes les
formes de la justice, & sur la déla-
tion des ministres Anglicans : car
c'est un des symptomes favoris de la
cruauté Angloise , de ne se jamais
produire qu'avec les formes légales ;
& l'expérience a prouvé que la procédure étoit pour elle un moyen ,
non pas de diminuer le nombre de

ſes victimes, mais de s'en aſſurer.

Si tous les habitants de l'iſle ne ſont pas inhumains, ſi tous ne ſont pas juges iniques, il paroît que la crédulité eſt chez eux un vice commun, & la foibleſſe pour les revenants une habitude générale. Les voyageurs avouent que ce genre de frayeur eſt nourri, chez les Anglois, par les ſpectacles, où les morts jouent toujours le plus grand rôle. Mais c'eſt le goût & le penchant de la nation qui ont déterminé la nature des objets que l'on produit ſur les théatres. Si donc les ſpectres ſe ſont multipliés ſur ceux de Londres, il faut croire que la perſuaſion générale du peuple en a été le motif; c'eſt ſa crédulité pour les apparitions religieuſes, qui a enfanté les apparitions dramatiques, & non pas celles-ci qui ont occaſionné l'effroi que cauſent celles-là.

A quoi donc ſert aux Anglois la

philofophie ? Si elle éclaire quelques individus, la nation en refte-t-elle moins dans les ténebres de l'igno- rance, ou dans les préjugés qui en font le fruit ?

Il y a plus : en leur laiffant la crainte des minuties qui déshono- rent la religion, elle leur ôte celle des fcrupules qui la rendent utile. Quel devoit être le premier ufage de cette étude de la fageffe ? La perfec- tion des mœurs fans doute : il n'y a point de villes en Europe où les mœurs foient plus méprifées qu'à Londres. La diffolution y eft au comble. Le libertinage n'y paffe pas même pour une foibleffe, & fes dé- fordres y font autorifés comme des befoins.

Quelles idées humiliantes ne pré- fentent pas cette diffolution dont perfonne ne rougit, & ces tavernes où le maquerellage eft honnête, & ces bagnos peuplés, fur-tout de filles

de miniſtres, & ces ſoirées du Parc
S. James, qui offrent des tableaux
dignes de ces temples de Babylone,
où la proſtitution étoit, dit on, un
devoir, & l'oubli même de la bien-
ſéance extérieure un acte de religion;
& ces théatres où l'oreille eſt affli-
gée des expreſſions les plus ſales, où
les yeux le ſont des ſcenes les plus
ſcandaleuſes, où l'eſprit eſt avili par
les ſpectacles les plus dégoûtants, où
les drames ne ſont preſque que la vie
des Cartouches & des Mandrins miſe
en action.

L'opéra du Gueu, joué à Londres
& dans les provinces avec le plus
prodigieux ſuccès, n'eſt que la peinture de ce qui peut ſe paſſer dans les
lieux les plus infames, dans les aſſemblées des filoux, dans les repaires
des plus exécrables des hommes; &
d'après ce que nous avons dit ſur le
vol, on peut penſer que les ſpecta-
teurs n'applaudiſſoient pas tant à la

leçon que l'auteur pouvoit leur donner contre leurs vices, qu'à la fidélité avec laquelle ils les voyoient préfentés.

La politique engage le gouvernement à ménager des filles perdues, dans les bras defquelles les gens de mer épuifent bientôt leur vigueur & leur argent. Cette infame condefcendance expofe leur fanté dans la jeuneffe & les dévoue à la plus affreufe mifere dans un âge plus avancé ; mais elle a pour but de les forcer par l'indigence à recommencer leurs courfes, à aller chercher aux dépens de leur exiftence, de quoi fubvenir à de nouvelles débauches.

L'éclat des jouiffances de cette efpece d'hommes, & l'apparence du bonheur qu'elle femble y trouver, a influé fur les goûts en général. Cette maniere de vivre ne feroit excufable au plus, que pour des matelots preffés de fe raffafier des plaifirs qui leur échappent. Elle a peu à peu été adoptée par le refte de la nation, & l’a corrompue : ce goût d’indé-cence, de crapule eft devenu fi univerfel, qu’on a cherché à jeter du ridicule fur la portion des citoyens qui étoit deftinée par fon état à la combattre.

Prefque tous les écrits tendent à rendre le clergé, non pas odieux, mais méprifable, & du mépris de la plus baffe efpece. Dans tous les romans, c’eft toujours un miniftre qui joue le rôle de bouffon, de complaifant, de flatteur. Les gens d’églife y font les crifpins, les mafcarilles de nos théatres. Leurs familles font les entrepôts qui fourniffent des recrues aux bagnos, & des amorces aux vauxhall, aux renelas. Chargés d’une caricature auffi aviliffante, quel fruit produiroit la morale auftere qu’ils voudroient prêcher ?

L v

CHAPITRE XIV.

Des succès des Anglois dans les scien-
ces profondes & dans les arts agréa-
bles.

Sı la partie morale de la philosophie Britannique est si imparfaite ,
que penser de leurs progrès dans les
spéculations sublimes , dans les sciences exactes ? En les examinant sans
partialité , on verra qu'ils n'ont produit aucun bien réel. Quel avantage
solide ont procuré au monde les dé-
couvertes de Newton , & les travaux
de cette école nombreuse qui s'énor-
gueillit encore de l'avoir eu pour
fondateur ? Aucun.

Ces hommes laborieux ont beaucoup fait pour la curiosité des savants,
mais rien pour le soulagement des

ignorants, qui compofent pourtant à peu près tout ce qu'on peut appeller le genre humain. Quelle invention, quelle découverte vraiment utile eft fortie de leurs cabinets fi révérés ?

La pompe à feu ne leur appartient, que parce qu'ils l'ont exécutée les premiers ; mais l'inventeur étoit un François. Les télefcopes font à-peu-près l'unique nouveauté dont ils aient, d'après leurs calculs, enfeigné l'ufage & combiné les effets. Mais à l'épreuve, les télefcopes fe font trouvés des machines fort incommodes. La moindre humidité en rouille le miroir, & les met hors de fervice. Le champ en eft fi petit, qu'il eft très - difficile d'y amener l'objet que l'on veut voir. Ils fatiguent l'organe qu'ils font deftinés à fortifier. On préfere aujourd'hui avec raifon les lunettes.

Quant à ce magnifique fyftême de la gravitation ; quant à ces calculs

impofants fur la marche des aftres
fur la vîteffe de la lumiere , qu'en a-
t-il réfulté ? Rien , exactement rien ,
que quelques problêmes qui ont exercé la tête & les doigts de fept à huit
hommes dans l'Europe , & qui font
reftés inconnus dans le refte de l'univers.

Ont-ils du moins réparé dans les
arts agréables l'inutilité de leurs con-
templateurs profonds ? Il s'en faut
bien. Leurs poëtes , excepté peut-être
Milton , ne peuvent être lus que par
eux. On a beaucoup vanté l'effai fur
l'homme : on l'a traduit ; mais outre
qu'il porte fur un fyftême défefpérant,
fur une doctrine qui ôte à l'homme
la feule reffource qu'il ait peut-être
pour l'engager à fouffrir la vie , l'efpérance d'un mieux futur , & d'une
indemnité dans l'avenir, eft-ce bien le
mérite foncier de ce poëme qui en
a fait le fuccès ? N'eft-ce pas la foi-

blesse de ses rivaux, qui en a fait la gloire ?

Les Anglois, au milieu des rapsodies barbares qu’on leur donnoit pour de la poésie, ont été si surpris de voir éclore un ouvrage qui avoit quelque apparence de raison & de bon goût, qu’ils l’ont reçu à sa naissance avec enthousiasme. La même considération a gagné les étrangers : les applaudissemens se font répandus sans trop d’examen ; & quand une fois ils ont été si nombreux, il n’a plus été permis d’examiner s’ils étoient fondés Combien de réputations qui n’ont point d’autre base que cette impossibilité de remonter à la base même ?

Au reste, quand Pope mériteroit sa gloire & les éloges qu’on lui a donnés, a-t-il un compagnon dans ce genre en Angleterre ? Comment y font écrites les pieces dramatiques, épreuve assez sûre du goût d’une nation & du progrès des talents chez elle ? Les tragédies font dans un ftyle empoulé, fur des plans fans vraifemblance, prefque toujours fans intérêt, ou avec un intérêt qui naît du jeu, & non pas de la piece. Les comédies font fans bienféance, fans pudeur, avec le même ftyle ; ce qui eft affez naturel, puifque la mort & le crime y regnent également. On n'y voit, encore une fois, que des gueux, des filoux, des affaffins. Les plus dégoûtantes, les plus affreufes fcenes y font mifes en action.

Montefquieu a dit qu'il falloit écorcher un Mofcovite pour lui donner de la fenfibilité. Les ames Angloifes ont-elles donc la même propriété que les corps Ruffes ? ce n'eft que par les plus abominables horreurs qu'on peut les remuer. La peinture des tourments, ou de la dégradation de l'efpece humaine, femble être le feul mobile capable de chatouiller un peu leur imagination.

Et remarquez toujours l'inconféquence de leurs panégyriftes, la facilité avec laquelle ils fe contredifent. Ce ftyle enflé, métaphorique, figuré avec excès, qu'on a nommé oriental, ils ont prodigué les phrafes & les antithefes, pour prouver que c'étoit un fymptome infaillible du defpotifme. Cependant il eft naturalifé en Angleterre à peu près autant qu'à Conftantinople, ou à Ifpahan. Ils foutiennent que les Turcs & les Perfans font efclaves, & que les Anglois font libres.

CHAPITRE XV.

Conclufion de cet ouvrage.

REfumons-nous. La prétendue liberté angloife n'eft qu'un fantôme éblouiffant, incapable de foutenir le moindre examen. Il s'évanouit dès qu'on le fixe. On n'apperçoit, quand il eft diffipé, qu'une oppreffion d'autant plus terrible, que la forme légale dont elle fe trouve revêtue, ne laiffe pas même aux opprimés la trifte confolation de penfer qu'ils feront vengés.

On me répondra, je m'y attends, que le moment n'eft pas favorable pour de pareilles réflexions ; que ce n'eft pas quand les Anglois réuniffent le commerce des deux mondes, quand leurs armes victorieufes font refpectées depuis le Canada jufqu'à la Chine ; enfin quand l'univers fe tait devant eux , qu'il faut préfager leur humiliation & leur ruine. Pour moi , je n'ai que deux mots à repliquer.

La profpérité actuelle de la Grande-Bretagne n'eft qu'une bouffiffure éphémere , femblable à cet embonpoint trompeur , qui , dans certains fujets , eft le fymptome & l'effet des grandes maladies. Le crépufcule de la raifon , chez les autres peuples , feroit évanouir cet éclat impofant. Dès que les uns auront un bon gouvernement , les autres s'appercevront bientôt combien le leur eft défectueux , quant à la partie politique qui rend les nations puiffantes ; & quant à celles qui les rend heureufes , ils n'attendront pas fi long temps.

Une autre critique à laquelle je m'attends avec d'autant plus de raifon , qu'on l'a déjà hafardée, fe tirera de l'état actuel de la Perfe , de la

Turquie, & en général de toute l'Afie. On ne manquera pas de m'objeƈter que je me méprends dans les éloges comme dans les critiques; que s'il eft ridicule de choifir, pour cenfurer un peuple qui honore l'Europe , l'époque la plus brillante pour lui , il ne l'eft pas moins d'affeƈter de louer dans l'Afie une conftitution dégradée , anéantie par les malheurs qui de nos jours accablent d'un bout à l'autre toute cette partie du monde. Du Gange aux Dardanelles on ne voit que des trônes ébranlés , des villes en cendres , des campagnes couvertes de fang & de morts.

Je l'avoue ; mais en vérité cette critique puérile pourroit elle être réveillée de bonne foi pas des hommes inftruits ? La politique ne reffemblet-elle pas à ces infeƈtes deftruƈteurs qui exercent leurs ravages fur les étoffes les plus brillantes & trouvent moyen d'accélérer la corruption des meilleurs fruits ?

Sparte a péri, & tous les jours on fait l'éloge des loix de Lycurgue ; Athenes n'eſt plus, & on parle avec eſtime de la légiſlation de Solon. Si les troubles qui déchirent l'Aſie, avoient quelque liaiſon néceſſaire avec les coutumes légales des vaſtes empires qu'elle contient. On ſeroit fondé à ſe récrier contre l'homme qui oſe s'en déclarer l'admirateur ; mais ils n'y ont pas plus de rapport que les orages de la ligue & de la fronde n'en ont avec l'ordonnance de Moulins, ou le code Michaut.

Ce n'eſt point parce qu'on a le bonheur de ſe paſſer à Iſpahan, à Conſtantinople de procureurs, de ſecretaires, d'épices, de greffiers, &c. que les Aghvans ſont venus déſoler la Perſe, que les Marates ont ravagé le Mogol ; que les Ruſſes ont envahi la Tartarie & les bords de l'Helleſ-pont, où ils périront ſans pouvoir y prendre racine. Ce n'eſt point parce

qu'on y loue fans crime des femmes
à un prix honnête , & qu'on n'eft
point obligé d'y faire la fortune à des
filles d'opéra , à des courtifanes
effrontées, qui ruinent la fanté comme la bourfe de leurs adorateurs, que
Thamas-Kouli-Kan a été affafiné en
Perfe , & que fes dépouilles ont ral-
lumé les guerres civiles qu'il avoit
éteintes.

La légiflation facrée , inaltérable
des Afiatiques , vit au milieu du feu
cruel qui confume leur pays : elle n'a
pas pu l'empêcher, mais elle ne l'a
point caufé : elle fortira tôt ou tard
des cendres qui la couvrent & la ter-
niffent: elle redeviendra alors, comme
autrefois , la fauve-garde du bonheur
de ces nations ; elle fubjuguera leurs
tyrans , comme elle l'a toujours fait :
ce bûcher dévorant , dont les larmes
& le fang des peuples femblent augmenter l'ardeur , fe métamorphofera
un jour fous fon ombre en un afyle

paifible , où les hommes ne feront pas moins heureux que l'auront été leurs ancêtres.

Je ne finirois pas ; le plaifir de publier des vérités auffi douces que nouvelles, m'emporte. Il faut bien que je m'arrête, mais en réitérant dans la fincérité de mon cœur la profeffion de foi que j'ai confignée dans mon ouvrage. Je crois très-fermement au bonheur des peuples dans l'Afie : Je ne connois point d'adminiftration dont le commun des hommes ait plus à fe louer : il n'y a qu'eux à qui on pourroit appliquer ce vers célebre.

Extrema per illos
Juftitia excedens   tenis veftigia fecit.

Fin du Tome fecond.

TABLE
DES CHAPITRES
Du Tome premier.

PREMIERE PARTIE.

TOME SECOND.

CHAP.

Tome II.   M

SECONDE PARTIE.

Fin de la Table des chapitres du
Tome fecond.